U0003293

幫助每個孩子學習

陳雅麗 ——— 著

精采的方法，溫暖的陪伴，減少彎路和流淚

—— 閱讀推廣人、作家 **林怡辰**

在國小任教 20 年，建立「小學生診聊室」的 podcast 以來，更是收到許多家長對於國中小學習上許許多多的問題，只是許多問題都有其脈絡，並不是簡單的 SOP 就可以解決，也非一時三刻就可以立竿見效。

所以看到雅麗老師出版的《幫助每個孩子學習》，真是如獲至寶，從教育心理、腦科學出發的學習養成策略，更有著接地氣的許多實務方法，根據孩子年齡，不管是低年級、中年級、高年級、國中生；不管是閱讀、數學還是自然科；不管是要看懂考卷、幼小銜接、國中新生預備、準備參考書、孩子容易分心、沒有學習動機……含金量實在爆表！

更佩服的是，在許多方法底下，更結合了深度的底層方法，而不是表面。像是閱讀推動，雅麗老師除了一般提出閱讀流暢度、識字、推論等，更提醒了可能是孩子的「追視力問題」，像是跳字、跳行、斷句等，真的是長期陪伴孩子，有過許多經驗的老師才會發現提出。而書籍的重點更不是只有提出問題，而是看到問題、確定問題之後，還能有解決問題的解方。就連解方都平易近人，具有可視性，不管

是老師，或是家長，都可以輕易上手，簡單實施。舉例來說，像是閱讀三把刀，就簡單可以使用不一樣顏色的筆做出記號，簡單解決長文和閱讀理解的問題，實在精采！

每翻一頁就驚呼連連！最常干擾孩子，家長提出擔心孩子粗心的問題，裡面提出不只一種解方，足足有十種解方！其他像是從國小到國中，讀文科怎麼可以開啟第二大腦、增加記憶力；理科可以適度找出規律，減少記憶負擔；從根本的動機，讓孩子知道為什麼要學、和自己有什麼關係、學了可以怎麼用、讓孩子可以從簡單到難的一步步慢慢學，都在跟著雅麗老師的腳步當中，一步步也提升了孩子的學習動機！

其他像是國文、英文、數學，都有簡單可行的方法：如何簡單背單字、學文法的方法？學不會數學的原因？甚至詳細到把國小高年級數學學習最難的單元「合併列式」、「基準量與比較量」、「速率」等，一個個單元充分剖析，真的是誠意十足！協助孩子從輸入到輸出，最高品質的輸入方法，最大化的輸出，在考試中可以順利提取，不容錯過！

過程中可以看見雅麗老師點點滴滴在陪伴孩子中，從低年級到高年級，再到國中，各科詳細分享的學習策略，正確的方法可以減少走彎路和流淚的機會。《幫助每個孩子學習》共有兩冊，再次誠摯推薦給你！

打通潛能，讓孩子走向自主學習之路

—— 高師大教育學博士、歷史教師 **吳宜蓉**

近幾年來，教育部持續推廣「自主學習」的重要性。但是，什麼是「自主學習」呢？簡單來說，「自主學習」就是學生可以自己決定要學什麼和怎麼學，並且自律的努力完成學習。聽到這樣的定義，許多家長和老師可能會心想：「睡吧，夢裡什麼都有！」學生怎麼可能做得到？那老師和家長的角色又該是什麼呢？

其實，我們都知道，當大人管得太多時，孩子的自理能力和自律態度都會變得很虛弱。所以幫助孩子學習，並不是主導他們的學習。如果我們能一邊觀察孩子的學習步調，一邊給予彈性的開放任務，提供不同的選擇機會，引導他們學習如何為自己做決定並為決定負責，這便是自主學習的第一步。

所以，若是想要幫助孩子學習，大人們就必須先學習如何學習。這就是雅麗老師在《幫助每個孩子學習》中強調的重點。她讓老師和家長可以充分的認識心理學和腦科學的概念，瞭解孩子的學習風格，幫助孩子按照生理發展循序漸進的打通學習潛能。

就像鞋子若是買到不合腳的尺寸，穿起來就會很彆扭，甚至磨破皮，如果孩子一直被困在不適合的學習姿態中，怎麼逼迫都不會有好的學習效果。但是，如果我們能夠掌握心理機制，為孩子量身打造適合他們的學習方式，好的學習慣性就會成為大腦裡的「永動

機」，提供源源不絕的內在動力。

作為一位現場教師，我深知課堂時間有限，老師們常常被段考期程逼著不斷趕進度。許多老師不得不在有限的時間裡專注於教完教科書的內容，卻缺乏足夠的時間協助學生更好的學習。孩子經常不知道如何有效進行課前預習和課後複習。而雅麗老師在她的書中，針對各個學科提供了針對性的學習步驟，幫助師長們瞭解學生需要哪些幫助，如何替孩子選擇好的學習工具、學習策略，並且知道如何使用它們。

以我這個歷史老師為例，上課時我總是花上許多時間講解歷史事件的背景和因果脈絡。學生當下可能聽懂了，但回家後卻常常看不懂課本。如何從課本標題預測內容？如何從課文內容整理出時間順序？如何列舉出這個章節的重要概念？這些學習策略從來不會無師自通，需要被提醒，以及大量練習才得以熟能生巧，成為學習內建的標準配備。

想想這兩種學生的差異：一種是缺乏學習策略，上課只能依靠老師，但回到家自己的學習效率便急速下滑；另一種則是擁有學習策略，不管遇到什麼老師，都能自己蒐集學習資源並且活用學習策略，隨時進行有效學習。你會希望自己的孩子是哪一種呢？

課綱的改變、素養題型的考試變革，以及 AI 時代的挑戰，都帶給師長們極大的焦慮，為孩子的未來擔憂困擾。人類天生害怕未知的事物，總是容易感到恐懼不安，所以，我們更需要讓自己掌握更多的KNOW-HOW，才能穩健的面對未來。打開這本書，運用雅麗老師多年教學經驗提供的要訣，透過刻意練習找到正確的學習施力點，確保每個學習步驟順利轉動，讓好的學習慣性成為孩子一生的成長飛輪，就能用更少的力氣，創造學習的巨大複利效應。培養出能夠自主學習、自信面對未來的孩子！

給孩子充滿智慧的學習海洋

——靜宜大學教育研究所兼任助理教授 **王勝忠**

　　從教育心理學的角度出發，尋求有效學習的方法一直是教師及家長持續追尋的目標。

　　在這個充滿挑戰的年代，孩子們的學習壓力與日俱增，如何讓孩子們在知識的海洋中悠遊自在、有效學習，成為值得關注與思考的重要課題。

　　《幫助每個孩子學習》和《幫助每個孩子學習：實戰篇》這套書，由教學經驗豐富的雅麗老師撰寫而成，她將教育心理學的理念融入教學實踐之中，致力於以創意趣味的方式啟發孩子們的學習潛能，讓他們能夠自發性的享受學習過程。

　　在這本書中，雅麗老師強調了一個觀念：「有方法，就學得會！」學生的學業表現差異往往並非來自資質或智商的差異，而是源自於學習方法的不同。透過對多元智慧的理解，她提出了引導孩子發掘興趣和性向的方法，幫助他們建立自信，激發學習動機，並讓天賦與學習偏好得到尊重和發揮。

　　這套書提出獨到的教育見解，強調學習的動力和起點是自信，無論孩子幾歲，都能夠打造自己獨特的亮點。透過培養孩子的自信和動機，我們能夠引導他們走上成功的學習之路，實現個人潛能的最大化。

在充滿智慧與溫暖的教室裡，雅麗老師用心教學，引領孩子們探索知識的海洋，讓他們在快樂、自信的氛圍中茁壯成長。

誠摯推薦《幫助每個孩子學習》和《幫助每個孩子學習：實戰篇》，希望這套書能為您帶來啟發與收穫，讓孩子的學習成為一段美好而有意義的旅程。

回到學習任務，精準診斷、有效解決！

——諮商心理師、暢銷作家，臺灣 NLP 學會副理事長 **陳志恆**

市面上那些標榜「如何學習」、「學得更好」的讀物，常提供讀者大量的學習方法。看起來都很有道理，但實際運用卻有其困難。也就是說，當孩子要將這些讀書方法轉化或套用進自己目前的學習任務中時，常常窒礙難行。

為什麼？**因為學習策略需要被放在實際的學習脈絡中運用。**

原因之一是，孩子根本不知道在什麼時機，需要使用哪些學習策略；另一個原因是，孩子在學習上還有一些潛在的學習問題未被辨識出來。若只是不斷強調使用學習策略，學習者往往感到更挫折。

同時，各學科的性質不同，需要用到的學習策略也不同；適合國文的複習方法，不見得適用於社會或自然。許多孩子的數學學習經驗是，中低年級尚能應付，升上更高年級就漸漸失去信心。若不是數學領域的專家，大概很難告訴你，學習數學的「撇步」是什麼。大部分的老師或家長，也只能求要孩子確實理解、確實演算、練習再練習，就這樣！

問題是，如何理解、如何演算、如何練習？

這些問題，往往只有教學實務經驗豐富，且長期關注關心孩子學習困難的老師，才回答得出來。

陳雅麗老師就是其一。她長期深耕中小學教育，有能力歸納出不同年級的孩子在各學科學習中，可能會遭遇的學習困境，並且提出切合該學科學習，以及符合不同年齡階段的學習建議。這些內容，現在全都彙整在雅麗老師的新作《幫助每個孩子學習》和《幫助每個孩子學習：實戰篇》這兩冊書中。

講究學習方法前，先精準診斷學習困難

過去，我一直呼籲師長避免以「懲罰性抄寫」來敦促孩子學習，這不僅無助於改善學習表現，還可能傷害孩子的學習慾望，招致放棄學習的後果。孩子的學習表現不佳、考試成績不如預期，應該回到孩子的學習任務本身，找到哪裡還沒學會、沒有確實掌握；也就是理解孩子的問題癥結，並予以協助。

問題是，如何找到孩子學習上的痛點？雅麗老師是這方面的專家。在《幫助每個孩子學習》書中，你會知道，有可能問題出在閱讀理解上。最常見的，並非孩子不懂學科概念，而是誤解題意。

所以，罰抄試卷二十遍，有用嗎？解決之道應是帶著孩子逐字逐句去判讀題意，並且告訴孩子當試題上出現哪些關鍵字時，代表著什麼意涵，要做出什麼反應。

不只如此，光是閱讀理解，雅麗老師就在書中提到，小學低、中、高年級以及國中階段可能會遇到的關卡，以及如何改善並提升閱讀效率。

也就是，這本書不只塞給你各種學習策略，還幫助師長或孩子，回到學習任務本身，確實「診斷」學習時的問題癥結在哪裡，接著一一對症下藥。

在《幫助每個孩子學習》這套書中，作者從中小學各學科教科書中，摘選課文段落或標題做為範例，經過分析之後提供明確的學習策略，讓你真正做到「見招拆招」。

心安定了，腦袋就啟動了

對於孩子的讀書學習，我最重視的仍然是心理層面；也就是面對學習的心態，以及當學習挫敗時如何安定自我、調適心情。

情緒狀態及心理強韌度，會大大影響孩子的學習動機。

在書中也特別專章討論，提供父母或老師一些幫助孩子調節情緒的遊戲及策略，時常練習保持穩定的身心狀態，靜得下來才學得下去。甚至，對於如何幫助 ADHD 的孩子改善學習，雅麗老師也很有一套。

在學習方法或考試準備類型的書籍中，《幫助每個孩子學習》這套書是相當實務取向的，不論是應付傳統考試或素養導向的學習，都能派上用場。

讀書學習並非孩子成長過程中的全部，但卻是重要的一環。學習成就與孩子的自我價值感有極大相關；甚至，中小學的學習成敗經驗，會影響到一個人一輩子是否終身學習的意願。

在師長精準且適切的陪伴與協助下，孩子也在學習過程中，慢慢發展出適合自己的學習策略，時時監控與覺察自己的學習狀況，適時調整修正。最後，習慣成自然，成了終身受用的能力，誰也奪不走。

每個孩子都有閃亮的潛力！

　　如果說，我的第一本創作《沒大沒小天才班》是我在校教學的紀念冊；那麼，《幫助每個孩子學習》這套書，就是我「非」在校教學的記錄簿。

　　在校與非在校教學，有相當多的差別。最大的差別是，在校時有導師權威與光環，我的話語具影響力，善用此影響力，我可以將全班帶向班級經營的目標。離開學校後，我一時之間宛如跌落神壇，必須重新建立起自己在學生及家長心目中的地位。而最能使親子信服的，不只是成績進步，而是要進步神速。

　　我因為健康因素離開學校教職，在休息半年後決定重新就職，當時第一次面試竟遇到美國老闆，一半英文一半中文的面試，此工作性質又是教育諮詢，又似乎是招生工作，與我原來純粹教學的性質大不相同。考慮了數天之後，我決定挑戰新工作。但也就是在這份工作，讓我首度遇到閱讀困難（障礙）、書寫困難（障礙）、妥瑞氏症……這些在學習上很需要協助的學生。

　　我在碩士班學的是教學心理與輔導，也研修了教育學分，又曾是學校的正式教師，但也許是因為在校年資不長（大約 6 年），在體制內的學校我只教導過具 ADHD 傾向的學生，其他特需生，我當時是零經驗。然而，就在機構工作這段期間，雖然我不是直接對學生進行處遇的教員，但是我在此機構密集與學生們互動，看到了他們

遭遇的學習困難；於是我接受了訓練，提升了對特殊教育的認知。

在此機構服務 3、4 年之後，我又重回純教學的領域，有趣的是，學生有老有小，我在社區大學教心理學、在補習班教快速記憶法，一方面也教學生自組的小團體班、甚至是一對一的輔導教學。此時我的教學，已多了特教經驗與記憶方法的元素。因此，我似乎比一般教師更能敏銳的發現孩子有哪些學習問題點，而且這些問題並不是透過重複讀書、乖乖訂正就可以解決，我必須找方法！

成績治百病？重點在於啟動好循環

對於一般學生，我的教學目標很簡單，首先任務就是提高成績。我常戲稱：「成績治百病！」這並不是我、家長或學生只在意追求分數，而是孩子一旦看得到自己的進步，學習信心提升之餘，連帶也正向影響他融入班級的人際信心，學習動機被啟動了，一切都會往好的方向進展。

用對方法，好多孩子的進步就能快速而顯著。對我自己而言，既然過去擁有學校老師的光環，能讓學生信服我，如今，離開學校的我，也必定要能幫助學生進步，而且是有感的進步，學生才會相信我，照我的策略去學習，我的教學才能借力使力、順水推舟，這也是我的小心機！當然，學生的進步就是對老師最好的回饋，他們擁有成就感，同時也讓我很有成就感。

當然，並不是每個孩子在學科上都能快速進步，也有一小部分學生，用自己的步伐慢慢前進，但我們不能放棄，學習成效不一定反映在學科，每個孩子都有屬於自己的亮點，我可以做的，就是讓孩子有事可忙、有事可閃亮，能有其他面向的成果展現、甚至是獲獎。

分數絕對不能評定一個孩子，但很神奇的是，當這些孩子綻放亮點，學業成績也會在軌道內有所進展。甚至在數年後，有一些孩子也就讀知名大學，或有些人即便學業表現平平，長大後仍是獨立自信、令人放心的好孩子。

在使用學習方法的過程中，我的心理學專長給我很大的助力，很多時候當場就能解決學生的學習困境。一旦解決，這項方法就收入我的多啦A夢百寶袋中。當無法解決時，我就如同韓劇《大長今》一般，回家翻教科書、到誠品書店、三民書局買最新出版的大學用書。講實在話，我沒有大長今的慧根，這些書還真的不好讀啊！我經常大嘆一氣，喝一口拿鐵咖啡，再讀不下去，就只能靠珍珠奶茶或豆花減壓。然而，這些辛苦都有代價，因為對學生真的有效！甚至我還常常發現，我用過有效的方法，這些「大部頭經典書」中幾乎都有；我用過卻沒效的方法，書中就沒有！

閱讀能「學習遷移」，所有學科都受惠

再談及我涉獵閱讀理解領域，又是另一段際遇。我常受邀到各校或各單位演講。數年前我接受臺北市光復國小的邀請，在教師研習日演講「形音義補救教學」，但有趣的是，在會後，教務處的老師及主任，很熱情的邀請我協助一整學期的閱讀理解工作坊，接著另一學期則是幫愛心媽媽們做教學技巧訓練。哇！我心想，那麼長時間沒有當導師，自己沒有把握能向教師們分享如何指導學生課外閱讀。我當場婉拒了，沒想到教務處老師一句話鼓勵了我，她說：「雅麗老師的演講提到好多方法，教師們馬上可以派上用場；其他講師的分享，雖然有美好願景及鼓勵的話語，有時就是少了點實務上的方法，比較難立即應用。」

這位教務處老師給了我信心與使命感，我只好再當起喝拿鐵的大長今，努力精進並持續分享。果然，我又在一些認知心理學的教科書中，找到我曾經直覺運用過、而且非常有效的方法。對於閱讀跳字、跳行的學生們，原本我只是土法煉鋼，要求他們練習清楚的念出課文，後來他們不但閱讀流暢、提升理解力，國中國文成績還進步了十幾到二十幾分（如果是小學生的話，進步幅度還會更大）。

但對於專業教師的工作坊，我不能只靠土法煉鋼，於是我整理出一系列經過研究證實有效的方法（而且我剛好做過教學實驗），把這些方法分享給老師們，甚至是請他們直接演練。說是意外，也不意外，實作後接連得到教師們的正向回饋。最振奮人心的例子是，高年級某一班，導師很認真，但是班上的國語成績幾乎永遠在全學年墊底，老師們推論原因，這個班級在一開始學力測驗的成績就不甚理想。然而，導師很有魄力的推行「閱讀流暢力訓練」，才經過半個多學期，此班在期末竟然得到全年級國語第一、英語第一。這再一次證明了，只要用對學習方法，成績進步是可以預期的事。甚至，學生得到閱讀流暢力，帶動了理解力，還能「學習遷移」到其他科目，不只是國語科進步。

曾是國小導師的我，教學專長當然是國語和數學，然而離開學校教職後，我的教學不限於國語、數學，因為好的方法可以應用在閱讀理解以及所有的學科，包含國、英、社、自、數。我熱愛教學，然而我深知自己無法教到每一個學生，因此，我很樂意將我的教學經驗、學習方法，分享給大家，並成立了「雅麗老師學習方法教室」粉絲專頁。

經營粉專後我常接到家長們的來信或私訊，不斷有「發出求助信

—成績進步的報喜—又有另一批家長的求助信⋯⋯」這樣的循環。我發現，大家遇到的學習問題幾乎大同小異，再加上好多家長也許願，如果雅麗老師出書，他們就能更及時、更快速的找到方法應對孩子的學習問題，於是，《幫助每個孩子學習》和《幫助每個孩子學習：實戰篇》就因此誕生了！

這套書是我教學二十幾年來的經驗結晶，期望它能協助教師、家長為孩子找到學習方法與施力點；也期望身為學生的你，找到命定的學習方法，找到閃耀的自己！

CHAPTER 1

創造亮點，動機就出來！新舊課綱，孩子都能閃閃發光！

 CHAPTER 2

美妙的閱讀練習：有策略的看書，實力自然提升

CHAPTER 3

邏輯讀書法：學會整理資訊的能力，考試力 UP！

CHAPTER 1

創造亮點，
動機就出來！

新舊課綱，孩子都能閃閃發光！

無論生活或學習，打開動力開關，把自信還給孩子，眼神就會發亮！

讓我們用腦科學和教育心理的方法，把「抽象願景」，轉化為孩子的「具體能力」吧！

「別人家的孩子總是不會讓人失望啊！」「那些一看就像來報恩的優秀小孩都是吃什麼長大的呀？」

108 課綱提倡「讓孩子培養帶著走的能力」，然而，適性揚才、素養教育這些立意良好的精神，在升學壓力下反倒變成容易引起焦慮的魔咒……

請稍微放下擔心──我們相信，每個孩子都是世上獨一無二的花，都有屬於自己的隱形魔杖，即使人人天生的「魔法特質」不同，但只要會喊「路摸思！」，咒語對了，不也一樣能點起光芒，照亮前路的方向？

孩子的天分在哪裡？
觀察8種多元智能

看著別人家孩子學鋼琴好棒棒，可是，我們家孩子看不懂五線譜、懶得練琴；為了提升專注力鼓勵孩子打球，但孩子不只小肌肉不協調、連大肢體也不協調，視運動為畏途。那麼參加演講呢？不是拿不到選手權就是省話一姐、緊張一哥，看起來也不適合——唉呀！當父母好難！

我能理解爸媽們的焦慮。108課綱的願景很美好：「成就每一個孩子，適性揚才、終身學習」，現行制度期待孩子要早早探索志趣、到了高中職階段自主選修課程——然而家長總不免擔心，成績平平的中等生顧好課業都很吃力了，哪有時間多方摸索志向？孩子只愛滑手機，說起興趣，彷彿只能跟3C產品畫上等號？

> " 不論什麼課綱，
> 我們的目標都是希望孩子越來越好！"

先來談資質問題。其實IQ智力是一個區間，假設IQ是100，有好的環境好的訓練，有可能提升為115，但不良環境會讓人變85，從85到115的差距很可觀，我們的大腦用進廢退，能力、興趣、性向潛能都可以隨著學習行為越來越聰明，但也會因為某

些「威脅」越來越笨。

接下來幾篇，我們將從發展天分、生活素養、心態建立等幾個面向，來談談怎麼學習、怎麼從日常小事培養「帶著走的能力」。

許多教育專家都會提到多元智能之父、哈佛大學教育研究院的心理發展學家加德納（Howard Gardner,1983），這位教授曾說，人的能力大致上分成以下 8 種[1]，而這 8 項能力又分為許多細項，請參閱本篇最後的量表，看看孩子是偏向哪一種類型。

❶ 語文智能（Verbal/Linguistic Intelligence）

❷ 邏輯數理智能（Logic/Mathematical Intelligence）

❸ 視覺空間智能（Visual/Spatial Intelligence）

❹ 人際智能（Inter-Personal Intelligence）

❺ 肢體動覺智能（Bodily/Kinnesthetic Intelligence）

❻ 音樂節奏智能（Musical/Rhythmic Intelligence）

❼ 內省智能（Intra-Personal Intelligence）

❽ 自然智能（Naturalist Intelligence，1999 年增補）

有機會，就有能力發光

對能力的分類有一些理解後，接著可進一步想想，「我們可以從哪裡開始培養孩子的天分？」以我這些年的教學經驗來看，有一些方法會有幫助。

一、多帶孩子看展，只記得冰淇淋也沒關係！

很多父母常帶孩子去參觀科學館、海洋館，然而偏向人文領域的美術館、故宮博物院，反而是校外教學時走馬看花的機會較多，建議大人們不要預設立場，參觀書法展、美術館多多益善。切記，鼓勵而不強迫，即便孩子只喜歡看展出來後大吃特吃冰淇淋也無妨，下回再試試別的展就好啦！看展時別忘了觀察孩子的眼神與肢體，說不定孩子有視覺空間的優勢智能呢！

二、吸納朋友的亮點，參加他人的成果發表會

很多孩子學才藝的起點，是因為參加同班同學的鋼琴、舞蹈成果發表會。看到朋友在舞臺上發光，他開始覺得：「同學可以，我也可以！」父母可以主動打聽同學有沒有舉辦成果發表會，帶著孩子在臺下拍拍手，未來他也可以在臺上接受掌聲！

三、父母親別害羞，多在孩子面前展示才華

不少孩子是跟著父母唱歌、跳國標舞、運動、甚至是研究3C、寫程式，因此不要吝於帶著孩子一起體驗父母的嗜好與專長。有一句話：孩子是看著父母的背影長大的。

四、試了才知道！多參加校內外營隊活動

聽到營隊擔心要花錢？其實參加活動未必代表昂貴的教育支出，學期中或寒暑假，許多學校都會開設社團活動，可善用資源，例如童軍團、熱舞社、烹飪課、畫畫課、電腦課……天分是在有機會時才會展現出來，如果只是帶著孩子去購物、假日滑手機，當然不易發掘孩子的天分。此外，參加活動一定要時時觀察、持續討論，才能一步步發掘孩子的特質。例如當我教孩子畫心智圖

時，就可以發現哪些孩子具有找重點、畫畫的能力，哪些孩子這方面的組織力較弱。

五、不是有能力才參賽，而是參賽才有能力

多鼓勵孩子參賽吧！校內校外總是有各種比賽，不要畫地自限，認為孩子沒有能力，他們的能耐往往超乎大人想像——不論是先天或後天。父母平時可以主動和導師交流溝通，表達參加比賽的意願，並當個樂意協助孩子練習的家長。對老師而言，孩子和家長的意願比能力更重要！有個孩子平時靦腆文靜，然而，在小一時的導師給她參賽機會，結果跌破眾人眼鏡，她拿到了「小小說書人特優獎」！有了敲門磚，此後一路參賽，逐漸展現她的表演及語言天分。

我當導師帶班時會把各種參賽機會分散、多多派任給不同小朋友。我喜歡試探詢問孩子：「你要不要去國語演講比賽？你有興趣參加閩南語演講比賽嗎？」結果還真讓我發掘了不少語文明星！

學才藝之前，父母需要考慮的事

發掘孩子天分的關鍵，在於「刻意創造機會」，讓孩子有更多更廣接觸各類經驗的起點，但父母也需要了解以下幾點：

一、性向不等於興趣

性向是指個人在學習某種事物前，所具有的潛在能力，也是未來發展的潛能，只要經過學習或訓練就可以發揮出來[2]。（現在很多人誤用，將性向直接指涉為「性傾向」。性向是個人的潛能，但性傾向則是個人喜歡同性或喜歡異性。）

然而性向並不等於興趣。性向是潛在能力，興趣則是個人對事情喜好的程度。性向剛好等同於興趣的孩子是幸運的，但有很多孩子的潛能（或天賦）和喜歡做的事是大不相同的。父母在發掘孩子的天分時，要思考的是：這是父母期望？孩子的潛能？孩子的興趣？當三者不一致時，父母可以採取的行動是什麼？

二、天才好，地才也很好！

「一萬個小時法則」雖然被美國心理學家艾瑞克森修正為「刻意練習」，他提出練習不只是「量」的問題，還要考慮「質」，但重點仍是練習、練習、練習。六、七年級生都聽過亞洲天后歌手蔡依林的故事，從跳舞「同手同腳」的偶像女星轉型成亞洲「舞娘」，靠的是苦練。她戲稱自己不是天才，是地才。我們都知道練習帶來進步，進步創造成就與喜悅，這是正循環，但孩子如果不想練習，是因為畏難偷懶，還是真的沒興趣導致痛苦？

父母要多陪伴多傾聽，最起碼當孩子要投入一項才藝或比賽之前，能引導他養成固定投入時間練習的習慣，雙方才能進一步討論評估，要繼續或放棄。

三、不彈鋼琴也可以打鼓——考慮孩子的能力特質

孩子看不懂五線譜，可能是閱讀困難或視力的生理問題，想培養音樂素養，也可以改成看簡譜的樂器，如吉他、古箏、打鼓等可能更適合。有一些ADHD特質的孩子容易肢體不協調，那麼就將運動當作休閒而非視為才藝，孩子會更自在。演講比賽（尤其是即席演講）必須具備的能力很多，曾有孩子自告奮勇，說他不

想去演講，但可以參加朗讀比賽。他很可愛，以為朗讀只要「念」稿好像比較簡單（其實朗讀更重視咬字問題，平時老愛亂念的孩子還是要勤於練習）。多觀察孩子不同階段的發展或現況，一般而言，最強的學習動機在於有一點挑戰性，太難會導致喪志，太簡單則無法激發動力。

四、把孩子當笨蛋，孩子才會變笨蛋！

大家有沒有發現，當我們過度擔心一件事，那件事反而很容易成真？老是擔心孩子不夠聰明，即使出發點是正面，但負面言語對大腦的傷害很大，而且對學習造成威脅的因素也不只是言語，在後文我們會介紹更多，在此只先提幾個重點。

嚴格但是不要嚴厲。設定合理的標準（可以稍微超越孩子現有能力），孩子可以更好，然而不要嚴厲、不要刻薄。這樣的故事我們都不陌生——有父母打罵孩子，結果導致原本有天分的孩子極度討厭某項活動。

可以鼓勵但是不要威脅。根據腦神經學，在威脅之下的腦神經呈現萎縮狀態，不利於學習。爸爸媽媽們辛苦啦！包括口氣、眼神等不耐煩的神態，都請盡量避免，因為孩子最恨被當作笨蛋，父母要當心。

刻意創造成功，但也坦然接受失敗。父母要刻意創造孩子的成功經驗，例如學琴的孩子，表現難免有所起伏，就多鼓勵孩子彈得好的部分很動聽，彈錯了有時可提醒，有時就忽略並交給老師處理吧！萬一孩子真的不想再繼續某項活動，千萬別動不動就說：「你浪費錢又學不好！」這絕對是造成挫敗感的第一名。請改口：

「我們先暫停，等適合的時候我們再開始！」

父母的愛，是最初也是最終的答案。新精神分析學派強調：做個「夠好」的父母，不必做到最好；人本心理學派（包括馬斯洛）也強調，在合適的環境下，每個人皆有充份發展潛能的傾向。 所以聰明的父母，知道怎麼做了吧！

1——多元智能理論證（Theory of multiple intelligences）是由美國哈佛大學教授 Prof.Howard Gardner 於 1983 年所提出的理論，出自其著作《心智的架構》（Frames of Mind: The Theory of Multiple Intelligences）。
2——張春興，《張氏心理學辭典》，2007 年，東華書局。

孩子的天份，屬於哪一類？

請依實際狀況打勾，看看孩子擁有偏向哪一類的能力：

❶ 語文智能（Verbal / Linguistic Intelligence）

☐ 寫作能力高於同齡兒童

☐ 善於編寫精采的故事或很愛講故事和笑話

☐ 很能記人名、地點、日期或瑣事

☐ 喜歡文字遊戲

☐ 喜歡看書

☐ 書寫正確

☐ 喜歡順口溜、雙關語、繞口令

☐ 喜歡聽故事、廣播、故事 CD

☐ 在同齡兒童中，詞彙豐富

☐ 與人交流時，善於言語溝通

☐ 其他語文智能表現：

---

❷ 邏輯數理智能（Logic / Mathematical Intelligence）

☐ 對於如何做事，會問很多問題

☐ 快速心算（學齡前，數學概念較同齡兒童好）

☐ 喜歡數學課（學齡前，喜歡數數或與數字有關的事物）

☐ 對電腦計算遊戲感興趣（如還未接觸電腦，會喜歡數
　　學遊戲）

☐ 喜歡象棋和其他策略遊戲

☐ 喜歡邏輯難題或智力難題（學齡前，喜歡聽《愛麗絲夢遊仙境》這類型的故事）

☐ 喜歡把事物分類或分等

☐ 喜歡做高度思考過程的實驗

☐ 思考方式比同齡兒童更抽象化、概念化

☐ 比同齡兒童對因果關係更有概念

☐ 其他邏輯數理智能表現：

❸ 視覺空間智能（Visual / Spatial Intelligence）

☐ 可說出清楚的視覺意象

☐ 閱讀地圖、圖表比文字容易（學齡前，更愛觀看圖片而不是閱讀）

☐ 比同齡兒童更喜歡想像畫面

☐ 喜歡藝術活動

☐ 比同齡兒童畫得好

☐ 喜歡看電影或其他視覺上的表演

☐ 喜歡拼圖、走迷宮或類似的視覺活動

☐ 製作有趣的立體模型（樂高積木）

☐ 閱讀時從圖畫而不是文字中獲取更多訊息

☐ 喜愛在書本、紙張或其他東西上畫畫

☐ 其他視覺空間智能表現：

❹ 人際智能（Inter － Personal Intelligence）

☐ 喜歡與同伴交流

☐ 似乎是天生的領袖

☐ 喜歡給朋友建議

☐ 在校外似乎很聰明

☐ 是社團或一些團體的成員（學齡前，喜歡加入群體）

☐ 喜歡非正式的教其他孩子事情

☐ 喜歡與其他孩子一起玩遊戲

☐ 有兩三個朋友

☐ 關心他人

☐ 別人也喜歡有他陪伴

☐ 其他人際智能表現：

---

❺ 肢體動覺智能（Bodily / Kinnesthetic Intelligence）

☐ 擅長一種或多種體育活動

☐ 長時間坐著會扭動、敲打或煩躁不安

☐ 善於模仿他人動作或談談舉止

☐ 喜歡拆解再組裝物品

☐ 喜歡跑跳、摔跤或類似活動（長大後較懂節制，變成
　習慣性拍拍朋友、翻跳椅子、跑進教室）

☐ 表現出手工技能（木工、縫紉）或其他方面的動作協
　調性

☐ 戲劇性的表達自己

☐ 思考與工作時傳達出不同的肢體感覺

☐ 喜歡黏土或其他手觸摸的活動（如手指畫）

☐ 觸摸所見的事物

☐ 其他肢體動覺智能表現：

---

❻ 音樂節奏智能（Musical / Rhythmic Intelligence）

☐ 能輕易發現音樂走調或出錯

☐ 記得歌曲旋律

☐ 嗓音好

☐ 會一種樂器或參加合唱團

☐ 講話和移動時很有節奏感

☐ 無意識的自己哼唱

☐ 做事時在桌上打節拍

☐ 對外界噪音很敏感

☐ 喜歡聽音樂

☐ 唱課外學來的歌曲

☐ 其他音樂節奏智能表現：

---

❼ 內省智能（Intra − Personal Intelligence）

☐ 獨立、意志堅強

☐ 清楚了解自己的優缺點

☐ 可以獨處玩耍或學習

☐ 生活方式與眾不同

☐ 不善於談論自己的興趣與愛好

☐ 自我目標明確

☐ 喜歡獨立工作而不是合作

☐ 準確表達自己的感覺

☐ 能從生活中的成功和失敗中學習

☐ 擁有高度自尊

☐ 其他內省智能：

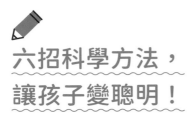

六招科學方法，
讓孩子變聰明！

很多小學生的願望是：變聰明！然而，如果學習環境無法成為助力，不少孩子一到高年級就會產生「習得無助感」。什麼！才 10 歲的孩子就有習得無助感、自我價值認同低？爸爸媽媽不可不慎。

一般而言，人的智商可以 ±15[1]，但是美國前國家心理衛生研究院院長古德溫，更大膽的提出，智商可 ±20，最大差距更達 40 之多[2]！一般人的智力是 90 ～ 110，如果能加個幾分，本來是 110 再加 20，就是資優生了！然而，如果孩子長期處於不利大腦發展的環境，原本 100 的智力也會減 20，就剩下 80 了。

到底怎樣才可以幫助寶貝變聰明呢？

一、免除威脅警報，正面經驗帶來正面學習

在學習時，失敗不是成功之母，成功才是成功之母。根據孩子的生理發展，提供適當的學習難度是必要的，過難的教材會增加學生的失敗感，而非造就聰明的資優生。好的考試內容能貼合受測者的生活經驗，我曾在小學四年級的數學考卷上看到關於「收入、支收、利潤」的考題，家長不妨思考，如果學校或家庭從未討論過，這類題目適合自家的小四孩子嗎？

二、給了挑戰，更要給予回饋

太簡單的內容對大腦而言很無趣，穿插程度稍難的挑戰，像是限制資源運用（如野外活動的無具野炊）、各種拼圖字謎、假設

性問題、討論真實世界的問題等等，這些都對大腦的訓練非常有益。但是，別忘了給予回饋「答案或講評」，回饋能夠降低腦下垂體─腎上腺的壓力反應。如果老師出了一份極困難的作業，但沒有講解甚至批改，或是改作文只給分數卻毫無建議⋯⋯我個人不是很認同，因為對孩子幫助有限。

三、閱讀和語言，是變聰明的地基！

6 個月大的寶寶，就可以聽故事囉！講故事給寶寶聽，有助於增進大腦聽覺皮質中的細胞；12 歲以前就可以學習具有挑戰性的字彙或外語，因大腦神經元的消失與突觸的刪減，會使外語的學習一年比一年困難（請參閱〈12 歲前不做就「回不去」的 6 件事！〉）。當孩子從老師或父母那裡聽到的字彙越多，未來擁有的字彙就越豐富。

孩子可以開始「閱讀」的年齡是 3 或 4 歲，但對某些孩子而言是 8 歲，一個 6 歲還不能閱讀的孩子不一定是發展遲緩，很可能只是個別成長差異。

四、肢體運動，給大腦新鮮感

文諾納州立大學的研究[3]指出，各種手眼協調的任務，以及翻轉、滾動、跳躍及托球，對孩子的心智發展都有顯著的效果。肢體運動對腦的好處，可說是終身受益，尤其若能常挑戰新的肢體運動更有效果，別忘了，大腦很喜歡新鮮感！

五、藝術活動不只是陶冶性情

蒙特婁神經科學研究所的研究[4]，當你正在傾聽一首樂曲時，整個腦部都在運作。如果「現實」一點，把藝術當作強用大腦的工具，它可以達到 3 個功能：

① 激發作用：搖滾樂可以振奮人心；柔和音樂可以平穩學習者的心境。有一個對於八年級、九年級生的研究，播放音樂後，學生的閱讀能力有顯著進步。

② 音樂是語言的傳遞者，例如把一段文字搭配旋律，用唱的歌詞容易令人記住。

③ 強化思考的速度、順序、連結的強度：音樂欣賞所運作的神經系統與抽象推理時相同。為人熟知的「莫札特效應」，就是聽莫札特《D 大調雙鋼琴奏鳴曲》10 分鐘之後，短暫提升了大學生的空間推理能力。

六、腦袋瓜需要的營養比你想像的更多！

學齡時的大腦所需葡萄糖的熱量，是成人的 225%，營養太重要了，怎可不重視！貧乏的學習環境可能會使青少年的大腦皮質變薄（比照一項老鼠研究的結果）。幸好研究[5] 也指出，只要學習環境改變，大約 4 天之後，大腦皮質就會增厚，讓腦袋瓜變聰明！

1——±15 分的研究來自於 Scarr & Carter-Saltzman (1982)Genetics and intelligence. In R.J. Sternberg (Ed.) Handbook of human intelligence. Cambrige：Cambrige University Press.

2——±20 分的研究來自於 Kotulak,R.(1996). Inside the Brain.Kansas City, Mo.：Andrews and McMeel.

3——Eric Jensen 著，梁雲霞譯。《大腦知識與教學》，遠流出版社，2003 年，第 60 頁。

4——Shreeve,J.(May 3,1996)." Possibly New Skeleton Gives Path from Trees to Ground an Odd Turn." Science 272,5262:654

5——Eric Jensen 著，梁雲霞譯。《大腦知識與教學》，遠流出版社，2003 年，第 67 頁。

孩子是視覺型、聽覺型，還是動覺型的學習者？

　　根據 Tileston 博士在 2000 年的研究，學習者可分為三大類型。不妨觀察看看，您的孩子是那一型？

❶ 視覺型學習者

☐ 很難記住人名，卻記得某人的相關細節

☐ 當有視覺工具輔助，學習效率明顯變高，例如黑板的內容、圖表

☐ 寧可自己讀故事，而不是聽別人為他講故事

☐ 透過書寫來整合、組織自己的想法

☐ 很難記住別人告知的指示

☐ 臉上表情總是清楚的表現出情緒

☐ 喜歡拼圖

☐ 除了文字，也喜歡透過非文字圖形來幫助學習

❷ 聽覺型學習者

☐ 對姓名的記憶優於臉孔

☐ 除非參與討論，否則會忘記閱讀內容

☐ 寧可參加小組討論而不要閱讀

☐ 容易被聲音吸引而分散注意力

☐ 善於說故事

☐ 容易喃喃自語，事實上是天生傾向自己和自己說話

☐ 對於長時間坐在教室會顯得坐立不安

☐ 寧願口頭報告而不是書面報告

❸ 動覺型學習者

☐ 對於自己「做過」的事情比較記得住，優於「聽過」或「說過」

☐ 面對問題，傾向用肢體動作解決

☐ 喜歡直接參加活動而不是在旁邊觀看

☐ 常透過肢體語言來表達情緒

☐ 喜歡模仿、演戲和戶外活動

☐ 喜歡組建模型

☐ 需要活動，否則可能影響秩序或破壞紀律

　　三大類型中，視覺型的學習者占最多數，約有 87%，其次是動覺型，最少則是聽覺型。然而，據 Tileston 博士所言，許多資深老師是聽覺型，而現今學生屬於聽覺型的卻較少，也難怪上課時孩子的心思飄離腦袋、不小心就靈魂出竅了。

　　既然視覺型的孩子占大多數，在傳達內容時，多些圖片、板書、表格、寫出文字，將會幫助學習者學得更好。也不妨多設計一些動作上的學習活動，例如雅麗老師讓學生讀到ㄥ的字，如：生、英、靈，我會讓孩子抬頭；而念到ㄣ的字，如：身、音、林，就低頭，都是好玩又實用的學習活動喔！

　　尊重學習者的類型來傳達內容，就是尊重孩子的學習需求，自然學得更好、更有成就感！

資料來源：Tileston,D. W.(2000). The best teaching practices：How brain research, learning styles, and standards define teaching Competencies. Thousand Oak, CA：Corwin Press.

刻意的成功
與健康的失敗

　　我常提倡家長可以「刻意創造成功經驗」。無論是功課好或功課不好的孩子都渴望追求自我價值感。功課好的孩子，常獲得成功經驗、較不缺乏成就感，一次又一次的正面回饋，讓他們比較能自動自發的學習，甚至是享受學習。然而，功課不好的孩子，我們卻很少將成功與他們做連結，或者，沒有刻意做什麼努力或嘗試，家長只想著孩子哪天搞不好就開竅了。

　　但以我的教學經驗來看，成功往往是刻意安排的結果。沒有成功會從天而降，如果孩子不去參加演說比賽，哪來的前三名？如果孩子不去參加賽跑，哪來的金銀銅牌？

　　只要父母或老師多投注一點心思為孩子創造正向經驗，孩子的作品、孩子的榮耀，都會成為生命的亮點，而且不需要多輝煌的成績，往往一個小而美的經驗就能照亮他往後的學習之路。

　　我曾經訓練一個孩子參加演說比賽，因為在頗具盛名的私校，競爭很激烈，最後他成為黑馬得到全學年第三名。之後在段考時他也考了班上第三名，這是他進入小學六年來的第一次，母親感動的向我道謝。其實，我只是刻意協助孩子打造屬於他的成功經驗。以能力或經驗而論，這孩子不是班上最突出的，但當我詢問參賽意願，全班只有他沒有搖頭，那就是他了！於是，我加強訓練這名學生，不斷讓他上台練習（一方面可以刺激其他也有表演慾的孩子），最後順利得獎。

> 每一次小小的成功經驗，
> 都有可能照亮未來長長的路。

我訓練過的語文競賽選手，有公立學校、也有私立學校的孩子，但其中大約有三分之一的孩子具有 ADHD 傾向，其中兩名 ADHD 的孩子甚至拿過全學年第一名，當時他們都是第一次參賽！我始終認為，每一個孩子都有潛力、都能夠參加各種比賽，只要有意願，肯配合練習。

有 ADHD 特質的孩子在生活中往往充滿挫折，特別需要成功經驗來滋潤生命。當老師、家長耐心引導，孩子願意配合，得獎並不是難事，即使沒有得獎，也是很豐盛的學習經驗。

除了正式比賽，表演會、成果發表會、作品被展示、賦予任務、上臺說故事給同學聽、上臺說笑話讓全班笑開懷、擔任股長或小老師、口頭讚美、答出一題全班都不會的題目、生字本拿甲上……都是成功經驗。

可愛的老王歷史時間：讓問題行為自然消失

有一年我擔任五年級導師，班上有一個孩子在我每次批改作業時就對著我講一大堆歷史故事，其實我正在忙根本無暇分心，可是又不能傷他面子，於是我每天在國語或數學課的空檔，邀請他上臺講故事給全班聽，每天至少一次。他連珠砲式的說書風格聽起來有點累人，卻也很有特色，大受全班同學歡迎，一來，他提供的歷史故事，同學們真的沒聽過；二來，聽故事不必上課，全班多開心！全班孩子還替這段開心時光命名為「老王說歷史故事」。

這孩子的外號當然就是「老王」，聽起來老氣橫秋，但是他每次被叫老王，嘴角都微微上揚呢！他感受到全班的關注與接納，說故事這個專長也成為他的亮點。「老王說歷史故事」持續了快一年，有一回輔導主任和我聊天，他特別問我，王同學有沒有很難教？家長有沒有經常來學校找老師談話？我很驚訝，我說都沒有這些情況！原來，中年級時，王同學是輔導室需要特別「認識關注」的學生。

有時就是這麼神奇，只要刻意創造孩子的成功經驗，一些不適當、令人困擾的行為會自動消失，甚至於家長也樂意配合老師。王同學的母親有幾次來班上擔任志工，還請我吃她親手做的包子。我想跟爸媽們分享，孩子有令人困擾的行為，也許不必非得硬碰硬的直球對決，而是協助他肯定自我、找到融入團體的亮點，不適當的行為有時就自行消失了。

功課不好的孩子、沒自信的孩子，更加需要這些正面經驗。我始終認為，**大人們與其坐等奇蹟或變化自然發生在孩子身上，不如適度推孩子一把，給予機會自己執行，引導他付出努力來得到這些成功經驗。**

有一些活動很容易看到成效，花費也不高，爸媽們不妨多鼓勵孩子嘗試看看，像是加入書法社團、參加書法比賽；沒有機會參加校內比賽，校外比賽也可以積極參加，例如一些財團法人（像是行天宮）舉辦的活動、小小說書人等，都可以在家錄影完成。學樂器也是很好的起點，無論是吉他、烏克麗麗、打鼓……無論什麼都好，盡量鼓勵孩子參加成果發表會，再小型也無妨。

只要三招，讓孩子不怕失敗

成功經驗是孩子努力的成果，更是生命中用錢買不到的最好禮物，但是人總不可能永遠順風而行，挑戰的過程不免會跌跤，害怕失敗是人類的本能，在小時候玩遊戲輸了或事情做不好，會生氣、難過；長大後，則是不敢面對即將要揭曉的結果。很多孩子，很怕失敗的原因是，考試考不好，好像自己差勁透了；數學題目不會寫，就以為自己永遠都不會。

有的孩子會直接採取退縮或耍賴，像是不去交朋友就不怕被拒絕，或開始逃避一些任務，不去挑戰就可以避免失敗，這種害怕失敗的心理，即使在資優生身上也很常見。

當孩子輸不起、「偶包」重，那我們可以怎麼做？以下提供關鍵的三招，在生活中不妨常和孩子分享：

第一招：洗腦、再洗腦，重新建立認知

「成功很好，失敗更好，因為你可以學到變厲害的祕密！」很多孩子把失敗和負面的情緒、認知、低自我價值等連結在一起，因此要打破這種連結，轉成直接連通正面思維。每個人都希望自己是有價值的，也想變得更好，我們可以讓孩子知道，「這一次成功了很棒，但也代表這方面學習的空間變少了；如果失敗了反而可以找出精進方法，最後會變強喔！」探尋失敗的原因和成功的方法，往往會看到別人不知道的祕技，這也是變厲害的機會點！孩子聽到「祕密」會有興奮感，親子可以一同發掘這個祕密。

第二招：懂得切分，人、事，要分離！

如果孩子年紀比較大，第一招難以說服他，這一招則是連大人

都很有效的方法！我曾在某親子雜誌的臉書留言提出建議，因為文章標題出現「問題學生」，我建議他們不妨改為「有問題行為的學生」。問題學生，會讓學生覺得自己就是很糟糕的人；有問題行為的學生，只要願意把行為改好，本質還是好孩子啊！

不要小看稱呼、不要小看語言的能力，這會影響師長和孩子的認知，並導致後續的行為。人和事，要分開。當失敗二字和孩子直接結合在一起，有的人就失去再努力的力量，誤以為自己只是個失敗的人。甚至於有幾種情況：不敢看結果，選擇逃避；乾脆不努力，以避免自己被貼上失敗的標籤；甚至於一味自我安慰「我不是失敗，而是一時大意、一時粗心」。

請爸媽們記得：如果孩子某件事表現差，他並不是很差的小孩，而是——某件事還沒做好的小孩！

「遊戲挑戰失敗了，並不會讓他成為失敗的孩子，只是這場遊戲輸掉的孩子；考試考很差，不是很差的學生，而是考試還沒考好的學生；這一科沒考好，只是這一科還沒學懂，而不是自己這個人很失敗。」

第三招：無條件的關注

「無條件的關注」是心理學的名詞，就是無論成功或失敗，我們要讓孩子清楚感受，在各種情況下父母都一樣愛他。看到這裡，很多爸媽都會說：「我沒有差別、沒有條件一樣愛孩子啊！」其實，大人的臉色、語氣、態度，孩子都會敏感的接收到。如果孩子總是要擔心，自己做錯了、考砸了，爸媽會生氣憤怒不愛自己，久而久之就容易變成害怕面對挫折的小孩。

　　當然，孩子挑戰失敗或者做錯事，父母一定要教導，孩子才會有是非心，或從中學到經驗，然而，這要在父母清晰表達「無條件關注」的情況下，再來管教孩子，而教育（或教訓）孩子的過程中，別忘了上述第二招：**事和人要分開處理！理性區隔**，才能一起找出變好的方法。

　　我們可以教給孩子「用健康的心態去詮釋失敗」，考試失誤了，不必找藉口，而是想想犯的錯在哪裡？怎麼改變？勇敢面對失敗、坦承不足，才能有接受挫折的勇氣，也更能再戰！

　　當孩子能力還不夠獨當一面時，別讓孩子自己去面對。當我們和孩子一起努力過了，接下來就是等待，不要期望說一次、教一次，孩子就會學會，以上三招不斷的做，耐心的等待，我們會發現孩子會隨著經驗降低焦慮，久了，勇氣和韌性也就順應滋長。

 雅麗老師的小提醒

❶ **成功的環境是刻意安排的**：只要一次成功經驗，孩子士氣大振，就更願意再度投入努力。成功是刻意安排的結果，我們可以創造一種環境，避免孩子老是在失敗中被檢討，讓孩子能去創造自己的成功經驗，從小成功累積成大成功。

❷ **對失敗的詮釋要健康**：失敗只是暫時不成功而已，設定合適目標，用對的方法，按照明確的計畫努力執行，下次就可以更進步。

12 歲前不做就「回不去」的
6 件事！

有一回上課，家長拿了孩子做的小書給我看。他們的家庭默契是只要出遊，回家後媽媽會請升上高年級的孩子製作一本小書當紀念，而這位上課時總是很～活潑的孩子，做起小書卻令人意外的相當配合（其實，每一個孩子都是可以被要求的，除非他抵死不從，那就……再要求別的項目）！

除了寫作能力一點一滴的進步，孩子的各科成績在那段時間也進步了，數學、國語能力都有提升，整體理解力變好，我發現這和我常提議的「12 歲發展任務」有關。

還有一位在家自學的學生，在他小學六年級時（未滿 12 歲），我突然想到，他沒有背過唐詩。當時他包括國語、數學的學習都由我教授，有一項很關鍵的發展任務，若錯過了，責任就在我──那就是發展記憶力！於是在六年級上學期時，我開始刻意的安排他背唐詩，從五言絕句開始，再「偷渡」到七言絕句，再來是律詩。以學唐詩、背唐詩暫時取代他學習文言文。因為沒有加內容，只有換內容，所以孩子的接受度很好。

把握小腦袋瓜最顛峰的學習時期

在 12 歲之前，可讓孩子多多學習哪些能力呢？根據一些文獻，我統整了以下幾點：

① 10 歲以前學樂器（如果有此興趣需求）。

② 10 歲以前要學外語。

③ 12 歲以前要有豐富的詞彙量（包含國語和外語）。

④ 12 歲以前要特別重視營養，此時長腦的速度如同 2 歲一樣快。

⑤ 12 歲以前引導孩子養成勤勞、勤學的習慣。

⑥ 12 歲的記憶力達到顛峰，在此之前就先訓練記憶力。

第 1 到 4 項，以及第 6 項，皆和大腦神經發展有關[1]。12 歲以前對於語言、記憶力的學習與發展非常關鍵，特別是 10 歲前學外語與樂器，對孩子而言是比較容易的，錯過了就難再有這種快速發展的機會。大腦的發展是用進廢退，常被使用的部分會更發達，過了 12 歲，以往沒使用部位的神經元連結會漸漸消失、神經突觸會自然弱化刪減。

第五項則是基於心理學家艾利克森（E. Erikson）的「心理社會發展論」[2]，在進入青春期（約 12 歲後）之前，就要協助孩子養成對求學、做事、待人的基本能力，乍看和學業成績沒有直接關係，但將影響現在及未來，如果錯過正面發展，甚至會造成生活基本能力匱乏、容易產生失敗感！

多讀好故事，自然累積詞彙

如果孩子在 12 歲以前有緣成為我的學生，我通常會刻意安排「詞彙教學」。例如：成語、敬辭謙辭、婚喪題辭、同義詞、偏義詞、隨機遇到的難詞……當然，也會指定課外讀物讓孩子閱讀，上課時花個 10 分鐘討論。課外讀物分為兩大類，第一種是虛擬作品（fiction）：文學、小說類；第二種是非虛擬作品（non-fiction），例如人物傳記、生物、心理、哲學、科學等等。為了

避免閱讀偏食，二類書籍都要閱讀。《寫出全文才有用！王淑芬的讀寫課》[3] 書中提到美國教育界的建議，閱讀虛擬作品與非虛擬作品，在國小階段的建議比例是 5：5 為佳，國中則是 4：6。

從兒童經典文學看起，可以自然而然擴充孩子詞彙量、修辭法，例如我常推薦英國兒童文學作家羅德·達爾的作品，他的入門短篇故事系列很適合中年級以上，其中電影原著小說（例如大名鼎鼎的《巧克力冒險工廠》）不只適合高年級、國中生，甚至成人來看也會喜歡。

好看的羅德·達爾作品集

羅德·達爾（Roald Dahl）是英國小說家、劇作家、詩人、更是當代的文學大師！孩子能直接閱讀經典，不必再彎彎繞繞，就直接獲取最純粹的文學養分。雅麗老師首次閱讀的是《吹夢巨人》，驚豔不已，最愛的則是《女巫》，這讓我聯想到存在主義小說—卡夫卡的《變形記》。不同的是《變形記》的男主角變成類似蟑螂的大怪物，自己和家人都悲苦恐懼；然而女巫中的小男主角，變成老鼠，我本來超擔心，沒想到小男主角很開心，依然被外婆疼愛。因故事情節完全在我的思考框架之外，閱讀經驗超過癮。當然您也可以與孩子一起找到適合的書，只要願意讀，就可以累積詞彙能力！

別捨不得，讓孩子適度背誦有助發展！

我自己是 12 歲以前沒有背過唐詩的小孩，家裡也沒有購買課外書的習慣，因此我常自認錯過了記憶力發展的黃金時期。在讀小學中年級時，有些同學開始學英文，但爸爸對我說國中課程就會教了，不必先學，當時也沒有機會學習怎麼背英文單字。在就讀國中之後，我發現背誦詩詞或古文很吃力，英語單字常記不住、聯考作文成績也不甚理想。回憶起來，12 歲前該發展的 6 件事，我做到了 1 和 5 這兩項（我 7 歲學鋼琴、熱愛學習，國小第一名畢業），其他幾項很可惜的，似乎都錯過了。

爸爸媽媽們可別捨不得讓孩子背東西，例如挑一些優美的唐詩宋詞，或有點長度的古文都很好，或讓孩子少量多餐的背英文單字、片語、句子。

我提的背誦，並不是漫無目的強迫孩子背書，內容要適度、適量、適合，例如一般的課文未必需要一字不漏的背誦，我也不贊成單獨買一本全是字音字形的教材來拚命練習。學習生字、詞句，只要配合當課的課文、自修補充來學習即可，若是將字音字形融入好看、有趣的文章或例句，以豐富的內容形式來學習生字或語詞，而非光是乾巴巴的列出字或詞，就是符合大腦學習偏好的好書。

同樣的，背英語單字，我也不推薦翻字典依照 ABC 字母這種順序的背法，因為脫離了內容脈絡的背誦，只會變成興趣、理解、記憶力的殺手。

1──Eric Jensen 著，梁雲霞譯。《大腦知識與教學》，遠流出版社，2003。
2──張春興著。《教育心理學》，東華書局，2007。
3──王淑芬著。《寫出全文才有用》，字畝文化出版，2021 年。

開學有魔法：
養成原子習慣的黃金時間

★ 適用年級：全部

新學期總有新希望！各位爸爸媽媽可以回想一下，在自己小學、國中時期，每逢剛開學那段時間，是否總會暗暗期許，這學期要更好？其實，無論成績好壞，每一個孩子或多或少都有過這個美好的想法。

在開學那幾天，老師、校長、外賓，總會給予孩子一些精神喊話。孩子很可愛，就算大人只是打打氣，有些期許仍會就此進入他們的心，有些孩子甚至會有自覺的自我提升，在開學前兩週字跡特別端正、作息特別規律；然而，一定也有些孩子沒有聽入耳，或聽到了卻沒有或不知如何付諸行動。還有更多的孩子，頭幾天做到了，但後繼無力。

> " 別小看開學頭兩週的「魔法心理效應」，
> 這是建立正面心態的黃金時段。 "

家長的角色很重要！我們可以陪著孩子做以下的嘗試。

先訂目標，不要害怕討論分數。訂目標很重要，我們在後面會陸續討論，在此只針對學齡兒童簡單提一個原則：跟孩子討論訂出各科「作業」的分數目標，因為這是最立即的回饋。接著才是

訂定小考分數、段考分數目標。很多人擔心，大人們重視分數，會不會打壞孩子的學習胃口？其實討論分數不是為了追求 100 分，而是找出更明確的方向，當目標合理，具體的數字會比「我想要進步」這類口號更能激發行動力呢！當然，課業不是唯一，還可以訂定與作息養成有關的目標，例如「每晚 10 點要睡覺」、「在學校要好好午睡」，再小的事情都沒關係，重點是孩子趁著開學的新鮮氣氛，更容易產生要「改頭換面」的新生活新動力。

其次，深入討論，達到目標之前要做到哪些事？有些孩子很天真，光想著要進步，但是什麼事也沒做，直到段考前也只用 10 分鐘翻翻課本就自認很用功。要終結孩子的考試成績像買彩券一樣刺激，或是避免書沒讀好，人也沒睡飽、沒玩到，我們需要幫孩子一把，採取更有效的行動！

我曾有一個學生，自然科特別弱，一問之下才知道，他以為實驗就是有趣的班級活動，類似搓湯圓、做餅乾之類的，上課好好玩，但從未認真記憶或學習。有些孩子則是沒有意識到重要內容要背下來，以為聽聽就好。要提醒孩子，理解和背誦並不衝突，上活動課也要學習、理解，重要的概念要背下來。例如，做了「線香燃燒實驗」，孩子應該要記住，「氧氣」助燃，「二氧化碳」不助燃，而非上一堂不用聽課、光是快樂燒東西的聊天課喔！

老方法，要因材施教

很多經典的老方法很有效果，就怕孩子不知道或用得不對，其實這些老方法要見效，也該因材施行，有其訣竅：

一、每個人都需要預習嗎？

　　預習只要花個 5 ～ 10 分鐘，讀一次課文即可，尤其是國中生，預習能幫助理解，CP 值超高。國小生該不該預習？有待進步的孩子，預習讓學習事半功倍；專注力不好的孩子，也一定要預習，因為在家已有全課的「認知地圖」，即使上課中忽然恍神，當心思飄回來時，有預習過才能快速接得上。但有一類孩子倒不一定需要每一課都預習，有些學習力強的國小生，「過度預習」反而讓他感覺上課無趣而不聽課，甚至於搗蛋。預習沒有絕對標準，課中該做什麼，課後該做什麼，都可以和孩子討論得更具體。

二、眼到、口到、耳到、手到、心到

　　上課時眼睛要看黑板、看課本內容。要張口念課文，耳要聽老師說，手要抄重點。

三、尊師，後能重道

　　來念念看這兩句話的差別：「尊師且重道。」「先尊師，後能更重道。」

　　其實，第二句更有力量！因為當孩子信服老師，老師才能發揮更大的影響力，孩子上課才能聽入耳。多在孩子面前感謝老師的辛苦，例如欣賞老師授課內容好有用、老師批改作業好用心……即便家長對老師的某些部分並不認同，但是在孩子面前必須特別留心，當孩子先尊重老師，之後才能重視老師授課的知識內容，受惠的還是孩子！

四、迷你小考，要用得巧妙！

　　孩子畢竟是孩子，馬上提出回饋並修正，才不會產生「破窗效應」。在課堂上許多老師會採用迷你小考的方法：上國語，馬上考 5 個生字或生詞的聽寫；上數學，練習自己寫一兩題；社會和

自然，抽問個幾題。孩子答對，就學懂了；孩子不會，一定有某些環節的概念模糊要修正。即時回饋、即時修正的策略，在家裡也可以照做。例如問孩子數學作業都會寫嗎？孩子回答會，馬上測試一到兩題便知真章。寫國語作業前，先預告「寫完有驚喜彩蛋喔！」其實就是抽考聽寫 5 個字，但我們告知孩子時要輕鬆和緩，別讓他覺得壓力重重。提前告知，絕對比事後才知道要測驗的效果更好，但無論有沒有預告，養成在家「迷你自我測驗」的習慣，久了一定能看到效果。

家庭輔助學校，讓學習更有效率

課堂中總有孩子心不在焉、心思老早飄離教室，也有些孩子回到家只要一寫作業就彷彿靈魂出竅，讓頭痛的爸媽們不是嘆氣、冒火，就是想為孩子收收驚，只要能讓這些腦袋瓜回神，什麼妙招都想來一下。其實，不一定是孩子的問題，而是大人給的，可能不是孩子要的！

資訊從我們的感官輸入，視、聽、嗅、味、觸覺都是管道，但每一個人都有自己優勢的輸入管道，是要尊重學習者的優勢，還是教學者的方便呢？依情況不同，難有定論，但我們至少可以採用一些科學觀念，家庭和學校相輔相成，會更有效率。

一、對牛不彈琴──孩子是「聽覺型」還是「視覺型」？

在學習過程中，最重要的第一步就是輸入訊息（input）。如果在第一步驟訊息就無法進入，那麼根本無法啟動下一步的理解或學習。以感官來分，人可以分為視覺型、聽覺型、動覺型。我們在〈六招科學方法，讓孩子變聰明〉有提到，Tileston 教授的研

究指出，許多資深老師是「聽覺型」，偏偏有高達 87% 的學生是「視覺型」，師生類型常不一致。所以無論是老師或家長，如果能多理解孩子是哪一種類型，多少能降低兩者之間的訊息接收落差，以免教授者講得喘吁吁，但孩子老是不客氣的恍神。

二、適合的筆記 VS. 不適合的筆記

筆記分為二類，一個是課堂筆記，另一則是課後筆記。但據研究，程度有待努力的孩子並不適合一邊聽課一邊做課堂筆記；程度好的孩子則可以做課堂筆記。但課後筆記就不一樣了，各種程度的孩子都可以做筆記。筆記等於是個人的認知地圖，每個人認知結構不同，適合的筆記型式當然也不同。

有一些孩子的認知習慣是「從中間發散到周邊」，就特別適合**心智圖筆記**；如果認知結構是「一層往下一層」的類型，則適合**階層圖型**的筆記方式（等於樹狀圖）。

還有一種，「**數字筆記標示法**」，適合沒時間做筆記的孩子，直接拿出自修或講義，看重點整理自己標注。最簡單的做法是將第一層重點寫上：一、二、三；第二層重點寫（一）（二）（三）；第三層重點：1. 2. 3.；第四層重點：(1) (2) (3)……。透過自己的整理，自修的重點能再度「被收編」，內化成自己的記憶重點。

三、觸類旁通，打開視野的預習法

這種方式適合程度超前的國小生，如果要預習，可以換個方式擴充學習。例如，這一課學唐詩，那我們就預習另一首課本沒介紹的唐詩；如果這一課是國內遊記，就刻意預習國外的遊記；或者自行查詢作者相關生平或其他作品。如此不但可提升學習樂趣，還能加深加廣的學習！預習時更可以跨科目，例如國語跨到數學、社會，

甚至是自然、英文。

四、寫題目是最後一關

很多孩子看起來很用功，成績卻沒起色，有一個很大原因是，上完課就當學過，課後直接刷題本，然而並沒有真正的理解。解決之道在於複習時必須「重讀課文、重讀課文、重讀課文」！到了高年級仍有許多孩子根本不知道、或不習慣要讀課文[1]，而且不是只有國語，事實上每一科都需要先把課本看熟。

讀課本，要確認到底有沒有理解？例如缺乏讀文言文的技巧，看古文就如同天書，因此要先學閱讀策略，並先理解課文涵義（在第二章會有更多關於閱讀理解和推論能力的介紹）。又例如自然科學到關於酸鹼 pH 值，孩子看到題目就用猜的，明明數值大於 7 是鹼性，但孩子寫出來的答案時而酸、時而鹼，此時不要硬背數字，而是先學會分辨酸鹼，才能繼續往下學習。

五、五感並用，生活體驗都是養分

在學習時要多思考日常生活情境，聯想某一課和生活有什麼關係。例如四年級下學期的南一版數學有一個單元是長條圖、折線圖，爸媽就多和孩子一起找找生活中有哪些情況會使用到這些圖。有一個很棒的小撇步：在學期初，請家長先看過各科課本的**目錄**，甚至快速瀏覽課文——**不是要爸媽當老師先教學，而是和孩子共同規劃週末親子出遊的行程！**在遊玩或看各種展覽時，別忘了提醒孩子，要打開「視、聽、嗅、味、觸（動）覺」來感受這個世界。學而不思則罔，思而不學則殆，透過親身體驗、事後討論及查找資料，絕對是學思並用的好方法，所謂的素養能力也因此一點一滴的累積中。

社交，也是孩子的必修課

根據馬斯洛的「需求理論」，生理需求、安全需求之後是：愛與歸屬。當孩子在學校得到愛與歸屬感（被同學老師接納），他會更快樂，也更容易產生學習需求。

中研院在《研之有物——穿越古今 25 堂公開人文課》這本書中，有一項報告是集合了 1700 名以上臺灣中學生的霸凌研究，發現被霸凌者想要擺脫被霸凌的命運，「重新編班」、「結交了班上人際關係好的同學」是前兩名的方法。同理可證，一個新學期的開始、一些行為的調整，都有可能讓孩子重新在班上交到朋友，受到班級的接納。

我們先來看看國小孩子不受歡迎的幾個原因：

① 很囉唆：喜歡干涉別人，話很多，讓人心煩而生厭。

② 暴力：一忍不住就推人打人，或者是愛亂罵人。

③ 有異味：不刷牙、不洗澡、因打球而汗臭、青少年時期有狐臭。這些孩子沒有做錯什麼，但是同學下意識就不想接近他們。其實不只是同儕，學生曾告訴我，身上會散發菸味的老師也不受歡迎，同學們不喜歡接近這些「臭臭的老師」。

④ 拖累班上的行為：不交作業、常講話干擾上課、老是違規……容易惹老師生氣罵人，讓其他同學跟著被罵或耽誤上課，自然很難討人喜歡。還有分組競賽或班際競賽，常因個人因素不合群，導致同組輸了比賽。

⑤ 情緒問題：情緒管理不好、人際技巧不好的孩子在社交上很吃虧。

⑥ 沒禮貌（白目或賴皮）：現代人似乎沒那麼強調要把「請、

謝謝、對不起」掛嘴上，然而，禮貌的本質不是假仙，而是為他人著想。沒禮貌的人常不尊重他人，做出來的事當然不討喜。孩子們在下課時經常玩遊戲，如果有賴皮鬼常破壞規則、破壞大家的興致，同學會刻意不約他。

⑦ 不被師長喜歡：導師是班上的靈魂人物，如果導師不喜歡這個孩子，那麼這孩子的命運絕對不妙！（老師們要避免這種情況，甚至於要主動協助這些孩子們被接納。）

開學後，父母多觀察孩子、陪孩子聊天，有機會也可以和班上其他孩子或老師聊聊，如果感覺有狀況，也可以透過遊戲畫圖方式抽絲剝繭[2]（可以參考〈受氣包父母大逆襲〉的遊戲）。有沒有發現？以上七大原因，並沒有「成績差」這一點。其實成績差不會是孩子被討厭的原因，通常只是在人際關係上無法為他加分。

然而，上述「被討厭」的原因，往往也會與學習不當行為有高度相關——不交作業、上課愛講話、害全班一起被罵，這類行為難免引人側目。要改善孩子的人際關係，先省思一下是否有以上七點之中的毛病？而準時交作業、上課專心，當然也會讓成績進步，一舉二得呢！別忘了在家多溝通，從刻意練習變成自然養成好習慣，因為孩子就是孩子，不是光聽我們說就馬上懂得該怎麼做。

受班上歡迎的類型

了解不受歡迎的原因後，我們也來看看在校園中備受歡迎的特質。

　　乖乖牌出頭天？「天馬人際關係量表」是一種標準化測驗[3]，我的班上曾利用這個量表選出受歡迎的人，結果令大家有點意外，是「乖乖牌們」獲選。這並不難理解，因為在人際相處中，隨和（easygoing）是正向的特質，人們本來就喜歡能帶給人平和、愉悅感受的人。

　　但很有意思的是，被選出的「乖乖牌」孩子並不知道自己會獲選，當我告知他們投票結果，全都開心的笑了。而雖然多數同學把票投給乖乖牌們，心裡卻以為其他人會有不同的選擇，以為那些更有領導特質、成績更好的同學容易獲選，這也是蠻有趣的落差。

　　功課好很重要嗎？成績優異的人確實會讓人羨慕與佩服，甚至贏得好感；然而，成績固然是指標，最主要原因是「功課好」和一些正面特質高度相關：上課認真、準時交功課、負責任等等，這些好的學習態度當然讓人喜歡。如果，短時間內功課無法進步，但孩子也有「正向的特質」，亦能很快的交到朋友。

　　平時鼓勵讓孩子直接觀察班上人緣好的同學，並寫下自己的觀察結果，看看受歡迎的同學「做對」了什麼事，這會比直接對孩子說教效果更好。

雅麗老師的小提醒

❶ 新學期新希望：設定目標、找到方法、持續努力！

❷ 把握開學魔力，老師和家長當啦啦隊，不斷的給予鼓勵，利用建立好習慣的黃金時段，孩子的學習可以更有能量、為自己創造成就感。

❸ 動覺型的孩子，適合以操作來學習。但也別忘記活動最後一定要統整知識與課程內容，否則孩子只會記得活動有趣，卻忘了學習課程內容。

❹ 課業和人際關係，都是校園生活的重要部分，都需要家長引導，幫助孩子對症下藥改善問題、多觀察同學的美好特質。

1——Flavell, J.H.(1970). Developmental studies of mediated memory. In H. W. Reese & L.P.Lipsitt(Eds.) Advances in child development and behavior(Vol 5). New York:Academic Press.

2——請參考：S.T.Dennison&C.M.Knight 著，陳慶福總校閱。《兒童遊戲治療活動-計畫及協助困擾兒童處遇之指引》，心理出版社，2001 年。

3——「天馬人際關係量表」在我任教的班級所測出「被討厭」的原因為：很囉唆、有味道、亂打人。我後來和其他老師討論，結果也大同小異。其他的原因則來自雅麗老師多年的觀察。

我們生活在地球，
不是活在課本中！

　　我曾收到不少家長來信，詢問 108 課綱的考試如何如何，文言文、數學怎麼學習等等問題？家長就是焦慮，看到血淋淋的成績單很焦慮、想到素養兩個字很焦慮、看到長篇大論的考題焦慮、想到課堂報告要列為學習歷程也焦慮……教育部、學校要大家放輕鬆，還真不容易呀！

　　其實將目光放遠，無論課綱怎麼調整，教育離不開生活。我曾看過七年級的作業，出現計程車計費、計算「夜間加成」等生活中常見的數學，但是孩子有沒有機會觀察這些再平凡不過的日常經驗？坐上計程車，他們是否注意過車資怎麼計算，還是大人付錢就算了、叫孩子不用多管錢的事？

「打開五感」讓你變敏銳，「六何法」學思辨

　　現代環境造就出許多「生活無感族」，我們要盡力引導孩子從小習慣觀察、感受這個真實世界，讓孩子活在地球，而不是每天只認識學校和補習班，素養只限於紙上談兵。別擔心浪費時間，相反的，實際接觸過、觀察過，一旦有了畫面，知識才能連結，學習會更有效率。

　　在談學科之前，請讓孩子多閱讀，尤其是漸進養成孩子看長文的能力。閱讀素養、素養閱讀，閱讀與生活體驗並行，有了生活體驗，當然更容易理解文章講什麼，對於一些詞彙更能感同身受，

而且有畫面感。

一開始沒有閱讀習慣怎麼辦？可從坊間的閱讀測驗著手，一篇一篇的看，負擔較小，當然也可以閱讀小說、任何形式的讀本。

其次，別小看我們前文提到的「開學魔法」，先翻翻課本，了解這學期學什麼，不用行萬里路也能實際體驗課本的知識。例如：國語課本提到了菱角，孩子有看到、吃到、摸到嗎？家中是否有常備指北針，孩子人在家中坐，能否知道東西南北各在哪方？從家門往外延伸是什麼地方？

生活是要用視、聽、嗅、味、觸等五感，再加上以「六何法」來體會的。當課文有學過菱角，我們不是吃下肚就算，而是讓孩子用五感一起來觀察。

教學策略中很常用六何法：何人（Who）、何事（What）、何時（When）、何地（Where）、為何（Why）及如何（How），光是這 6 個重點，許多生活中的大小事就討論不完，孩子也能趁機動腦，進而養成思辨能力。

日常處處是閱讀：素材的挑選

在教學上，理論上先有素養教學，才是素養考試。素養題有哪些特色？我們可以在閱讀上可以做什麼努力？

生活化：如 109 年會考的國文考題，即使是文言文也很生活化，出現了茶的文化、古人刺青、摘龍眼、佛教梵文翻成漢文等素材，這和孩子們的課文選文差異很大。然而在 110 至 113 年的會考，文言文題目又回歸傳統課本選文的政治、學習、旅遊等主題。未來的考試趨勢如不意外，應是二者並進，傳統題材為基礎，再疊

加生活話題。我們以前學過《古文觀止》，選文偏向「學習政治」，可以建立文言文閱讀基礎，但現在的學生最好另外搭配生活化題材的文言文讀本，以及與生活有關的各種白話文文本，例如臺灣在地文化的茶（會考考了好幾年）、媽祖遶境、臺灣人軟實力、臺灣各地風土民情海洋等等，都可以補充給孩子。

非連續性文本：就是圖表、廣告單、菜單、臉書、海報、LINE對話等生活中會出現的畫面及文字，都可能是考題素材，請趕快檢視一下家中寶貝會不會判讀表格。例如南一出版社的《閱讀練五功》，從小四到國中都適用，坊間也有越來越多內容多元化的閱讀補充書籍，收錄不少非連續性的文本。

跨領域：數學跨國語、理化跨體育，無所不跨。翰林出版社的《科普與人文閱讀》題組，涵蓋科學和人文，還有問答題。南一出版社的《跨閱素養》以108課綱的「19大議題」來選文，或螢火蟲出版社的《讀霸會考閱讀策略》蒐羅了非連續性文本、填詞、文章結構、文意脈絡等各類題型，都是不錯的課外補充用書。

高層次認知能力：布洛姆的認知能層次包括「知識、理解、應用、分析、綜合、評論」[1]，以往的考題偏向考驗認知能力，現在許多考題要懂得進一步推論、分析等能力。前面提到的閱讀測驗書籍，對這些能力的訓練都有幫助，如果對孩子來說有點困難，記得看看書末的詳解，訓練思考方向。

問答題：越來越多學校的段考會出現問答題，有些題目還規定不可以簡答，要用一定長度的句子或短文回答。平時在家、在學校我們要多訓練孩子用完整句子來闡述所思所想，免得在段考時一看題目當場傻眼，變成震撼教育。

不再紙上談兵──吃吃喝喝學問大！

我曾看到作家蔡康永在節目中提到，當年出國念書時，人生第一次煮開水，很緊張，特別打越洋電話回家請教如何煮開水，還問家人：「要有第幾個泡泡才算煮好？」

先別笑，曾有一位孩子已經上大學了，竟然問我，什麼叫做「水滾了？」我說：「請家人陪你煮一次就知道了！」還有，朋友的孩子是國中七年級學生，有次幫全班同學剝橘子，只因全班只有他一個人會剝橘子！

有學生在生物考卷上答題錯誤，以為花生是單子葉植物（錯）。我問他，有吃過花生嗎？難道沒感覺、沒看到有兩片嗎？他回答我：「沒有耶！」我又問：「你有沒有看過，有些花生是一整粒完整的，其實輕輕一剝就是兩片組成的，有些則是只剩一半。」

> " 一日三餐，民以食為天，
> 從中體會，孩子就能一步步建構能力與素養！"

他說：「沒有，我直接吞進肚子，沒有仔細看。」[2]

有生活體驗，才能對學習的文字有感，否則學了公升、毫升，卻不知道一瓶養樂多就是 100 毫升；沒有思考杯子中的冰塊為何浮於水面，卻先死背冰的密度小於水；光只聽過「倒吃甘蔗，漸入佳境」，但是只喝過甘蔗汁，沒看過甘蔗長什麼樣子。

光是飲食，就有太多機會能夠學習不同學科的知識：

① 煮開水。製造冰開水、冰塊。煮開水，可以看到水滾的樣子、水蒸氣，順便知道一下水的沸點是 100 度。冰開水，可以看到冰水杯外的水滴，是「露」。冷凍食物的外面有一層像刨冰的是「霜」。製冰盒的冰塊會凸出來，體積變大，到了國中就知道是密度變小。

② 剝橘子、切水果。能訓練精細動作。當國語學到「摹寫法」，會更有感覺什麼是觸覺摹寫。到了七年級，學到朱自清的〈背影〉，更能體會課文中爸爸為兒子買橘子的情緒感受。

③ 吃花生時，不只是用嘴巴吃，手也要去剝一剝，把一顆花成剝成兩半，動手時眼睛也自然跟著看，順便一瞄還會看到胚芽，甚至把胚芽剝掉或吃下去。這樣一來花生種子的構造，吃到也看到了。此外，還可以將生花生泡泡水，看看會發生什麼現象？

④ 過年放到發黴的橘子，丟之前先看看。七年級學生物，認識黴菌是歸類在「真菌界」。家中食物不小心發黴，就讓孩子眼見為憑，黴菌長什麼樣子。

⑤ 進廚房看一下家中的蒜、地瓜、馬鈴薯，有發芽的更要看。小學自然課、國中生物課都會學到，不是只有種子會發芽，還有根莖葉也會發芽，也能繁殖。

⑥ 知道「餐點名稱」。到餐廳吃飯，每道菜的菜名，可以學字義，詞義、小故事等。例如：回鍋肉的「回」是「再一次」的烹調意思；東坡肉，就可學東坡被貶官的故事；珍珠丸子是以外型來取名；親子丼，是雞和蛋的丼，所以就是母親和孩子的意思。

⑦ 大概了解餐具。筷子的閩南語是「箸」，學〈背影〉的時候有出現「舉箸」。鍋碗瓢盆杯各有不同、木鐵鋁瓷玻璃材質差異大，當國八學到理化的比熱、密度等等，有了生活經驗更能夠幫

助理解。

⑧ 多看食品上標示的文字。讀食品包裝的文字標示，可以讓國小的孩子同時體會重量的量感，例如「乖乖」一包 52 克；一瓶礦泉水有 550 毫升，同時體會拿在手上的重量和視覺上的體積大小。到了國中，還要從營養成分表中計算熱量。

⑨ 以五感來品嘗食物：

看食物（菜色）的外型及顏色有沒有秀色可餐？這是視覺摹寫；

嗅覺（香氣）可刺激食慾，是嗅覺摹寫；

吃入口中的酥、脆、嫩、黏、Q，是觸覺摹寫。

食物的酸甜苦鹹，是味覺摹寫。

當我們以各種感官來品嘗食物，能討論的內容就很多，寫作文怎麼會愁沒有東西可以寫！

⑩ 透過飲食交流感情，學習飲食禮儀：禮儀的基本精神不變，但是在 Covid19 疫情之後，大家更重視公筷公匙了，更介意嚼食時一邊說話一邊噴飯粒。現在我還會提醒孩子，不過度使用手機，是對彼此尊重。

雅麗老師的小提醒

　　不論課業程度好不好的孩子，不變的原則是：

❶ 從今天開始要閱讀，甚至可依年級適量安排讀或寫「素養型閱讀測驗」。

❷ 從今天起要「生活」，不要只是紙筆生活，要能「真正的生活」。

❸ 要運動，大小肌肉的訓練都很重要，體力能幫助免疫力、毅力、智力。

1——郭生玉著，《心理與教育測驗》，精華出版社，2012 年出版。

2——除了花生，紅豆也是很好的討論題材！聽到「紅豆」之名，第一會想到紅豆湯或豆沙包的紅豆，第二，學過唐詩的孩子會想到詩中的紅豆（又名相思豆），二者因名字相同常常被人們混淆，但這二者是不一樣的。從外形上看很好區分，食用的赤小豆偏長橢圓形，顏色暗紅而且有明顯的白色筋線；而相思豆偏圓形，顏色艷紅發亮且沒有白色筋線；最關鍵的一點是，詩中的紅豆是有毒的，不可食用。

大腦就是這麼棒（上）：
用腦科學妙招降低阻力

　　大約在二十幾年前，我就對腦科學應用於學習的相關討論很感興趣。理解大腦運作，採用「與腦相容的學習」（brain-compatible learning）是很重要、也很有效的教學策略。在美國加州，曾有一個「超級學習營」，參加者年齡約為 12 到 22 歲，他們都是極為挫敗、喪志、習得無助感的一群學生，然而在為期 10 天的學習營後，經過追蹤，這些學生成為願意努力的學習者，成績進步、參與學校活動意願提高，更重要的是自尊也提升了，而且效果持續許多年。CNN、《華爾街日報》等主流媒體都曾對此做過報導，後續更有數萬名學生參加這個計畫[1]。

　　再舉一個例子，曾有家長跟我分享，孩子原本幾乎放棄學習，更令人擔心的是，長期以來他有故意折斷鉛筆的奇怪習慣。然而來到我帶的班之後，他有很大的改變，折斷鉛筆的問題不知不覺消失，更令人欣喜的是每天回家還會主動拿出書本複習。

　　孩子自己想學，遠比家長氣嘖嘖罵人或碎念來得有效；幫助孩子找到學習動機，更是教師最有成就感的事！不論是上述學生或美國超級學習營的孩子，他們後來彷彿重新被啟動學習開關，是什麼因素造成孩子的改變？

　　來看看超級學習營的神奇五大策略：

① 消除威脅。

② 設定目標。

③ 激發正向參與的情緒。

④ 形成高度正向的氣氛。

⑤ 增加回饋。

這 5 項以腦科學為基礎的方法，我都使用過，而且統統有效，特別是「消除威脅」，對孩子學習動機的提升更是關鍵！

消除威脅，趕走心中的老虎

我曾經遇高年級的孩子，中年級的數學概念沒學好，必須回頭從基礎的內容學起，但他的配合度極低；另一位高年級學生，看書容易跳行、加字減字，遇到長篇測驗就不願意看完。根據發展心理學，高年級以上更容易有習得無助感，而且容易說出：「是我選擇不要，不是我不好。我才不要努力，如果努力了卻考差了，那多丟臉！」

有些家長發現，孩子到了高年級，反而不敢追求成功，更害怕失敗，表現出來就是對成績不在意（但其實心裡還是想要分數），或者動不動就唱反調，這是為了維護自我的控制權及自尊。碰到以上情悅，家長往往不容易找到施力點，很像輪胎空轉一般，想幫孩子猛踩油門，車子仍然不往前走。

面子對於孩子、青少年來說，真的很重要，尤其是對於成績「還在努力中」的孩子更重要！很多爸媽常反應，孩子好固執，講也講不得、又愛生氣。其實許多在成績、學習中找不到自信的孩子，更想要爭面子、爭尊嚴，以感覺保有自我。因此，站在師長的立

場，明知山有「虎」，那就趕快處理「虎」！長久之計，當然是協助孩子在學習上（不一定是學校成績）建立自信，而最直接的做法就是移除以下威脅。

一、以為自己很笨的威脅

這點太重要了！光是解除「以為自己很笨」的負面因素，就能幫助很多孩子向前走，在教學現場非常好用！

如果我在其他同學面前拿出中年級教材給高年級的學生，無疑就是讓他們感覺「老師認為我很笨」，導致他們尷尬又自認笨拙，反而無助於學習。教材要經過調整，例如改成學習單的方式給孩子練習，或至少封面不要標示年級。

其次，要注意眼神、口氣、口頭語言、身體語言，甚至是不經意嘆氣，避免讓孩子覺得他自己很笨。心理問題會引發生理反應，使得身體回擊（孩子生氣或頂嘴）、僵住（有些孩子反應較慢甚至會呆滯）或逃跑，這些生理反應可能長達 48 小時。也就是說，當親子衝突或孩子感受自己很笨的威脅感，孩子的反應機制從產生到消失，需要 48 小時，也就是浪費了 48 小時，孩子會處於不理想的生理狀態。不如一開始，我們就有意識的避免讓孩子產生威脅感。

如果教材對孩子太難，我們可以先解釋困難的知識點或減輕份量，不要長期放任孩子老是做 10 題錯 6、7 題，當他覺得自己努力卻沒有成果就容易失去學習動機。另一個做法，讓孩子知道，寫評量、寫考卷，「都是為了遇到不會的題目」。如果粗心犯錯，下次就學習「如何細心」；如果看不懂題目，就學會如何「進入出題老師的世界」，學著看懂題目；如果題目太刁鑽或有疑慮，

寧可暫時先擱著。（但培養孩子的受挫容忍度是另一個議題，必須另外討論。）

二、身體傷害的威脅

例如霸凌或言語傷害，這部分要啟動學校行政系統或社會局協助。

三、偏見的威脅

例如名字有諧音被取笑、講英文或口音被取笑、因身材被取笑、不被班上老師或同學接納而被孤立。

四、有未解決的困擾

例如擔憂父母感情不睦、繳不出費用、有比賽壓力等。

五、不合理要求的威脅

例如被罰抄課文，但是量太多根本抄不完。

六、教學法過度單一，也是有礙學習動機的威脅

孩子如果是視覺型或動覺型的學習類型，偏偏都是聽覺型的課程內容，當有威脅產生，大腦就會將這些刺激當作緊急事件，它會認定必須先處理威脅而不是學習。

目標可以小，但是要看得到

孩子的世界有時就是很奇妙，要期望孩子主動單背字、算數學、寫作文……實在好困難！就算孩子能自動自發，有時對於該設定多高的目標也很模糊。有些孩子在學習的過程中，經常不知道自己要做什麼，不知道標準在哪裡、不知道上了中學，某科不及格會需要補考。大家都知道要念書，可是要念到什麼程度？要不要動筆寫、要不要練習題目、怎樣才叫認真準備？有些人才讀 5 分

鐘就天真的以為努力過了，他不了解：念完課本、自修、再做題目，錯的要訂正，重要的概念要懂、且要記下來，這樣才算完成扎實的複習。

簡單來說，有些人別說沒有遠程目標，甚至不清楚自己短程的工作目標（學習目標）。

引導孩子幫自己設定合理的工作目標，是一輩子受用的關鍵能力，光是訂出目標，知道「到底要做什麼」，情況就會大不相同。學才藝也是，要讓孩子一開始就「知道」自己要主動練習、每天要練習多久，進而變成習慣。

一、確定每天要達到的目標，盡量數字化

例如每天算 5 題數學或背 5 個英文單字，抑或讀 5 頁課外書也很好。當然，把當天的學校功課寫好、字跡端正也是一種目標。

二、以段考為目標，確定要學習的內容

以英文為例，要考幾課、補充雜誌要考幾頁、英聽要完成多少題？段考的目標要 90 分、80 分、60 分？合理的目標，要有一點挑戰性，但並不是完全沒希望達成，也不是不努力就可以達到的低目標。

三、小考及週考的分數目標

小考、週考是段考的前哨戰，常有孩子小考時都考不好，卻總盼望段考能有 90 分以上，所以從小考開始就要訂下合理的挑戰目標。孩子有時很容易給自己太鬆的標準，例如可以考 85 卻永遠以 70 分為目標，這時必須要和孩子好好討論，分階段進行，一天天的拉高標準。

四、檢核孩子目前的做法

孩子翻課本不用 5 分鐘就看完了？那代表他對於該讀到什麼程度很模糊，雖然學習能力因人而異，但依然有些基本的方式可評估：

小學：將課文讀 3 次再去做評量，能有 95 分以上就代表複習成果相當不錯。但請觀察孩子平時作業表現、小考成績，分數不是僵化標準。

國中以上：看課文時，依大標題分為幾個「大題」大概念，大題下自己根據重點編碼 1.2.3.4.5……每看完一「大題」，蓋上課本要能夠說出 1.2.3.4.5. 是什麼，基本上就夠熟了，大約半小時到一小時可完成。寫自修或評量，每單元大約 40 題左右，約半小時到 40 分鐘可完成。如果每個單元孩子只花 5 分鐘就翻完書，概念多半不夠熟悉。

訂目標能增強學習動機，但也別忘了，訂目標時和孩子的互動過程不能省略，這不是單向的決定。

對孩子而言要有意義。以學數學為例，數學成績不好的孩子常說：「只要會加減乘除、能買東西就好。」我會問：「如果有一筆錢存在銀行，你怎麼算利率？買房子要貸款，怎麼知道每一期的分期付款，銀行算對還算錯？」我常告訴小學的孩子，學數學是變聰明的方法唷！讓孩子覺得學這個東西對他本人有意義，他才會認真學。

孩子要有選擇權。如果目標是父母自顧自的設定，孩子會覺得被強迫。多讓他開口，例如問他：「你可以一天背幾個單字？」有些孩子會講一個自己做不到的誇張目標，例如明明每天背不了

5 個生字卻硬要說 30 個，要修正到符合孩子能力、耗費時間恰當的數字。

目標要寫下來。寫下來，本身就有力量，也能讓孩子**視覺化**，看到自己要做什麼。目標訂下什麼數字，也是做為提醒。所有孩子都喜歡達到目標的成就感，更喜歡感受自己能力的提升，有好分數、好成果，學習動機會持續且更強。當然，考試總有殘酷的現實，如果一時之間成績沒有提升，我們也要重視孩子達成目標時所付出的努力，因為雖然分數還看不出來，但是孩子的能力確實有進步喔！

> **" 當孩子有標準、有目標，能自我檢核，他會更有成就感。"**

1——Eric Jensen 著，梁雲霞譯，《大腦知識與教學》，遠流出版社，2003 年出版。

符合人性的原子習慣：學習不怕少！

執行學習目標的重點在於規律，不怕量少。

我有一個成績後段的國中學生，一開始我著重在教他各科的讀書方法，但觀察一陣子，他始終無法自動自發的讀書。他甚至告訴我，從小學開始就不念書了。我趕快換一個辦法。他喜歡自然科，於是我請他每天寫自修 10 題，再加上每天背英文單字 10 個。前兩週他依然要賴，但是我堅持一上課就檢查。奇妙的是，第三週開始，他能完成這兩項功課並持續下去。而且，就從第三週開始，成績不知不覺就從末段擠到班上的中段了！

如果孩子課業不太理想，不知道從何施力，不妨參考這種「少量但規律」的做法。

如果孩子還小，我們能做的就是每天花 10 分鐘念故事給孩子聽，對他們也是一種能刺激腦部的學習！

但也要特別提醒，我會讓此學生每天背 10 個英文單字而不是 3 個或 5 個，是因為他剛開始是個完全沒讀書的孩子，必須安排讓他有事可做。如果家中寶貝還有其他科目或才藝要學習，一天背 10 個單字有可能就太多了，請依情況適量安排。

大腦就是這麼棒（下）：
用腦科學妙招提升燃料

　　前一篇我們已經講完在教學現場最有用的策略之一：為孩子消除威脅，以及引導孩子訂出範圍合理、可以具體看到的目標；接著，要來幫動機的提升加把燃料！先想像以下這些情況；剛打上課鐘，氣喘吁吁、好興奮，能靜下心來學嗎？才被同學欺負，心中好委屈，能學嗎？哭哭啼啼時能學嗎？那麼什麼是適合學習的情緒，又如何營造呢？

「動機」這件事，有點傲嬌！

　　學習動機真是一件有點「傲嬌」的事，得在正向情緒下才能好好啟動並滋長，因為在這時大腦會高度活化、產生化學激素，會創造更好的記憶效果[1]。

一、平靜：當孩子情緒過度亢奮，無法學習

　　① 黃金時刻 30 秒：讓孩子趴在桌上或閉上眼睛，請他們自己默數，感覺 30 秒時舉手，最接近的孩子就得一分。這個活動可重覆幾次。

　　② 扮啞巴 2 分鐘：老師和父母可以繼續交辦事項，但孩子要演啞巴。當計時 2 分鐘一到，別忘了誇獎一下孩子是影帝、影后。

　　③ 適時放點柔和音樂。

二、喜悅：喜悅、開心、有趣時孩子也會想學習。

① 講笑話，或讓孩子讀笑話。

② 一點小改變，就能讓學習內容變有趣。如應用題中的小明，改成好朋友的名字。

③ 讓課程有系統化。

④ 配合小遊戲。如果孩子答對一題就猜拳一下或玩個小遊戲。

三、新奇：大腦喜歡新東西

① 大人故意用誇張語氣，將要學的東西講得很新奇。

② 另外準備和課程有關但具有新鮮感的內容，例如新聞時事。

③ 新奇的教具。有一回我要孩子練字，故意帶鋼筆給他使用，結果不同的筆觸、手感，真的讓他寫得特別好。又例如學體積，準備方型蛋糕，邊學、邊切、邊吃；學容量，準備剛好是 100cc 的養樂多，效果很好。

四、與課程有關的興奮情緒

① 辯論活動，這會讓孩子嗨起來。

② 背詩的時候要計時，並刻意規定幾分幾秒內背出來。

③ 參加成果發表。

④ 用肢體記憶時，讓孩子演出他的誇大肢體動作。

讓孩子的眼神發亮

高度正向的氣氛，可以來自有形的環境或無形的氣氛或儀式，甚至是老師和同學的接納及肯定。當孩子喜歡學習，想被表揚及展示作品，我們會看到更多發亮的眼神，聽到更多爽朗的笑聲。

一、表揚學生成就，小日記也值得鼓掌

從心理學來說，一個人來到這世界就是不斷的成就「我」。被

表揚時，大腦產生豐富的神經突觸及化學激素，容易讓孩子滋生「未來也要好好學習」的壯志！因此，「大表現」固然要給予大表揚，但「小表現」，例如一篇小日記寫得很好、書法寫得很好、小考進步，甚至造句造得很好，都值得好好鼓掌。

二、儀式感，最能打中孩子的心

不要小看儀式的帶動力量，即便看似呆板的儀式也會打中某些孩子的心。例如多用心於開學儀式（家庭也可以另有儀式），孩子就能擁有「開學魔力」，如擔心魔力太快消失，爸媽要多扮演「補位」的角色、讓孩子延續動機。儀式可以是慶祝節日、巧妙的安排學習活動，即使是簡單的慶生活動（並不是指花大錢請同學吃吃喝喝），都能讓孩子感覺倍受重視。

三、豐富的環境，學習不無聊

學校教室會貼海報、吊飾、地圖、圖片、概念圖，都是為了營造學習環境。我向來鼓勵「高展示」學生的作品，「高」是指高頻率，因為被展示作品的學生，得到回饋後下次就會更努力，而其他孩子也能知道好的標準在哪裡。因為空間有限，因此我在班上會頻繁更換優良作品，讓更多孩子有機會受到肯定。就連生字語詞寫得好，我也會影印張貼出來，想盡辦法展示不同孩子的成果；又或者，常鼓勵孩子朗讀自己的作文或日記、造句，都能算是展示。

四、團隊合作／人際關係，激發腦內啡

同儕學習可說是學習環境中最重要的資源，最好的分組方式是混齡與異質性分組，同時讓孩子得到人際上的回饋及學習上的回饋，激發大腦釋放出多巴胺和腦內啡，讓我們更喜歡學習。當自

已在小組內付出，可以立刻得到同學的回饋、互相觀摩，讓學習內容豐富、不會一成不變。

 雅麗老師的小提醒

❶ 我們可以這麼做：降低學習材料的難度；請孩子預習，熟悉一下課程；作業或考試有錯誤，先肯定錯題中孩子寫對的部分，再帶著他訂正。

❷ 要能從學習中得到樂趣、成就感。「學習目標」和「表現目標」不同，選擇表現目標的人，容易選擇太簡單或太困難兩個極端（例如自我安慰「不及格的人那麼多，我已經不錯了」）。要引導孩子設定學習目標，從經驗累積中看見一次次的進步。

❸ 開孩子的眼界：每當我分享最近一年諾貝爾獎得主的故事，每個孩子的眼神都發亮！不要認為那是遙不可及的事，當孩子知道所學知識可以幫助他人，對他就是有意義的標竿。

1——S. Christianson, "Emotional stress and eyewitness memory: a critical review." Published in Psychological bulletin 1 September 1992.

受氣包父母大逆襲！
理解孩子的情緒和小心機

　　孩子的想法，真的千奇百怪。提到念書，不少孩子都會變「理由伯」，我曾碰過孩子說不想念書的原因，包羅萬象：

因為弟弟很煩，我不開心，我不想念書。
反正老師都考課外的，那麼我何必念書？
分數夠高就好。
動作不要太快。太快了，媽媽就會給我更多考卷，我慢慢來就好……
反正我就是不可能成績進步，何必努力？

　　有些孩子不是不念書，而是容易焦躁，看到不會的題目會生氣、做錯題目也生氣，特別是到了高年級，火氣大力氣也大，有ADHD傾向的孩子感覺委屈時會更急，需要及時引導他處理情緒（這部分在第三章會做更細緻的討論），我遇過會搥桌子打牆壁的高年級孩子，父母往往只能跟著乾著急或當受氣包。觀念會影響行為，平時多和孩子聊天，從「心」下手，並多多練習察覺情緒，孩子才有改變的契機。

當孩子感覺挫折、愛生氣……

　　孩子因為課業或成績產生負面情緒，是因為感覺受到威脅了——其中一個原因是前一篇提到「被迫當笨蛋」的威脅，因此我們在平時就要時時提醒孩子：寫錯答案不等於是笨蛋，是為了變得更厲害！

在教孩子做情緒管理之前，必須先引導他認識各種情緒。很多孩子除了生氣和快樂，根本不太能辨識其他情緒，更不用說管理情緒。

我們可運用一些遊戲治療來幫上忙，以下第 2 ～ 5 個遊戲治療方法出自《兒童遊戲治療活動》一書[1]，這幾個技巧在教學現場應用多年，不只適用於低年級，對高年級依然有效。特別是情緒管理能力薄弱的孩子，他們的情緒智商往往比實際年齡稍低，也就是行為表現又幼稚了幾歲。

遊戲一：畫出情緒

在白紙上畫幾個圈圈，請孩子把各種情緒畫下來，孩子會畫快樂、生氣，接著可能就卡住了，父母可以引導拋出問題：考試前會不會緊張？找不到心愛的東西除了會生氣、會不會難過？小狗狗生病了會不會悲傷、被好朋友誤會是什麼感受……？讓孩子多畫，他才會體會到除了生氣還有別的選項。例如題目寫錯會害羞、會慌張，不見得一定要生氣。

遊戲二：快樂臉譜配配看

　　讓孩子連連看，找出孩子能「發展快樂關係」的人。這遊戲也能了解孩子在校的人際關係。心理學家阿德勒認為人際關係影響人生巨大，有快樂的情緒和人際關係，能降有效低焦慮和生氣的感受。

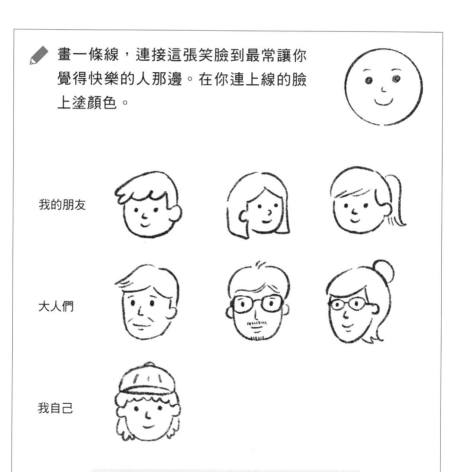

畫一條線，連接這張笑臉到最常讓你覺得快樂的人那邊。在你連上線的臉上塗顏色。

我的朋友

大人們

我自己

因為自己的關係而感到快樂，是件很棒的事。你覺得呢？

引用自《兒童遊戲治療活動－計畫及協助困擾兒童處遇之指引》，心理出版社。

遊戲三：尋字遊戲

圈出快樂的人、事、物，我們更了解孩子快樂來源。

 圈出讓你覺得快樂的人、地方、經驗，看看你能不能找出 8 個來。

同	學	電	腦	念	書
友	誼	音	樂	冬	天
安	全	自	己	朋	友
愛	動	物	園	歡	笑
鄰	居	學	校	市	場
時	光	放	學	街	上
公	園	遊	戲	上	課
作	業	溜	冰	游	泳

引用自《兒童遊戲治療活動－計畫及協助困擾兒童處遇之指引》，心理出版社。

遊戲四：感覺字詞迷宮

比照遊戲一，讓孩子知道原來情緒還有這麼多種，也理解，做錯題目時，可能有各種不好的情緒，討論我們可以怎麼做？

外星人小不點想了解你各種情緒，找出以下詞語，並將它們塗上不同的顏色：快樂的、悲傷的、生氣的、興奮的、害怕的、寂寞的、厭煩的、光榮的、挫敗的、不好意思的、驚訝的、無聊的、感到罪惡的、受傷的、沒關係的。

引用自《兒童遊戲治療活動－計畫及協助困擾兒童處遇之指引》，心理出版社。

遊戲五：我覺得生氣是……

您會發現孩子的身體也是有感覺的，讓他畫上顏色並說說，一起討論如何處理生氣。

 當外星人小不點感到生氣時，他的觸角是火紅色的。
請塗上顏色。

當我覺得生氣時，我感到……（請在身體上面著色）

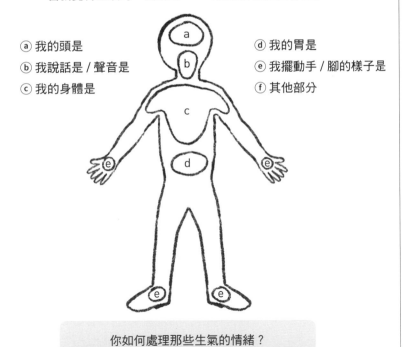

ⓐ 我的頭是

ⓑ 我說話是／聲音是

ⓒ 我的身體是

ⓓ 我的胃是

ⓔ 我擺動手／腳的樣子是

ⓕ 其他部分

你如何處理那些生氣的情緒？

引用自《兒童遊戲治療活動－計畫及協助困擾兒童處遇之指引》，心理出版社。

　　最後也最重要的是，當孩子產生負面情緒、題目做錯，我們要接納他當下確實不舒服，並透過討論讓他知道，遇到不會的題目轉成直接求助：「請幫忙我這一題。」我有一個極度愛面子的高年級學生，我和他有個小祕密：當他把一支筆放在鉛筆盒上，就代表他有不會的題目須要協助。有了師生都認可的解決方法，這位學生後來生氣的頻率降低了。

孩子沒說真話的內心小劇場

　　有些孩子是另一種情況，學習碰到瓶頸但大人常搞不清楚原因，甚至於從孩子的反應看不太出來他是否學會。其實孩子只是沒有說真話（但不代表他故意說謊），他有各種「內心小劇場」在上演，有待明察秋毫的爸爸媽媽一一破解。我們來當名偵探柯南，找出以下有礙學習的「隱藏版大小毛病」。

　　● 不想費力學，只看例題怎麼做，依樣畫葫蘆，然而一到考試見真章，答對率說明了孩子沒真正學會。

　　● 從師長的講解中用似懂非懂的邏輯找出解題模式，以為套一套就好。例如永遠都是「看到大的數就減小的數」、「用大的數除以小的數」，而不管題目怎麼問。還有不少學生在七年級學正負數加減，也只用自己的模式去套，其實根本沒學通，造成答對率約為 50%，往後反覆出錯，還誤以為只是計算粗心的問題。

　　● 問孩子會不會，一律答會；問有沒有問題，一律答沒有問題。只求讓大人早點放他走，以後的問題以後再說。

　　● 裝無辜或裝生氣──老師又沒有要求我們要會，我為什麼要會？

● 故意拖時間，拖到很晚了，爸媽也只能算了、讓孩子先去睡覺。

● 這招父母一定碰過——孩子說功課放在學校，到了學校說功課放在家。

● 故意寫字很醜，惹父母生氣。

上述情況有各種原因，有時是孩子想省事偷懶、對自己沒信心、擔心沒面子、不想面對自己一直寫錯的窘狀……爸爸媽媽們要怎麼看穿孩子的小心機？最簡單的方法就是〈開學有魔法〉這篇提到的迷你小考或抽問孩子問題。當孩子寫完學校作業，闔上課本或參考書，不用多，隨機考一兩題，讓他無法看到範例，懂不懂就見真章了。或者讓孩子聽寫語詞，只練習少少的 3 到 5 個詞都沒關係。

我們要洞察孩子的「會」與「不會」，以調整複習或預習方向。當然，若是因為給孩子過多的功課、才藝導致負擔太大或造成敷衍，確實得做適當的調整。讓孩子學得多，不如學得巧！

1──感謝心理出版社提供引用。S.T.Dennison&C.M.Knight 著，《兒童遊戲治療活動－計畫及協助困擾兒童處遇之指引》，2001 年出版。書中皆為遊戲治療理論的遊戲單。不論是否具心理諮商專業的教師和家長都可運用於引導孩子宣洩情緒、表達心理困擾，有興趣的讀者可自行查找。

改變的起點：無論是不是青春期，
都要建立好關係

　　有些人看到雅麗老師弱女子的模樣，覺得我是一個專門教小朋友唱唱跳跳、大概是很幸運一路都教到乖乖牌的老師。其實在教學生涯中，我不但教過兒童，還教過大人帶動唱，教過社區大學的入門心理學，心理輔導的對象涵蓋中學生到大學生，也教過許多有 ADHD 特質的孩子。

　　除了傳統意義上的好學生、乖乖牌，我也處理過高年級學生的問題行為，像是抽菸、打架、學生起乩、拿水果刀對著同學、拿美工畫自己手臂（這種情況年年有）。可是唯獨一件事我很少碰到——在我班上幾乎沒有真正、長期的霸凌事件。

　　一方面是因為我很幸運，另一方面，霸凌往往是反映問題累積的「結果」，沒有起因，就較不會有霸凌的情況發生（至少發生機率會降低）。因此我深信在教學第一線現場，老師與學生的關係很重要、班級的氣氛很重要。關係好、氣氛好，就能大幅度減少不當行為、負面情緒。即使發生了，處理起來也容易找到解決的著力點。

　　建立正向關係，是大人和孩子相處最重要的前提。有一位老師曾問我如何輔導有 ADHD 的青少年？但我想說的是，重點在於建立健康、真誠的關係，以及有原則的邊界感，而這一點不論是對孩子、青少年、成人，或是否有 ADHD 的孩子，基本原則都

是一樣的。

　　以下都是經過多次研究證明有效的方式，讓我們少走冤枉路，因為孩子的發展不能等啊！

一、無條件積極關注：真誠一致

　　前面提過，我們處理孩子面對挫折的情緒，要「對事不對人」，但另一方面來說，**和他們相處的心態反而要「對人不對事」**：不論孩子的表現是否優秀、考幾分、能否體貼做家事……我們對他的關心都是一樣真誠！我能理解調皮搗蛋、行為叛逆、好好講講不聽的孩子，常惹得老師或爸媽氣到都快中風了，讓人很難忍住不罵出口（當然最好不要，但我在年輕氣盛時也會忍不住罵人），但無論怎麼責備孩子，絕對要避免直接傷害人的字眼。例如：

　　（╳）要避免罵孩子：笨蛋、壞蛋、你就爛。

　　（○）要針對行為來切入：你打人是不對的。你這樣做會傷害別人、傷害自己。

　　無論有沒有罵出口，當你對孩子有發自內心的關心，他一定會感受得到。關注，是沒有條件的，只是因為他是他，只因為對他的尊重。表現好，我們當然開心；表現不好，當下大家當然不開心，但關心從不打折。

　　孩子一定有表現不討喜的時候，那麼我們就要多想想他平時的優點，例如：很會做家事、講的笑話很好笑……特別是爸媽們最害怕的青春風暴期，半大不小的孩子對大人的情緒和感覺特別敏感，如果我們表裡不一很容易被視破，無論如何要內外一致的關心孩子。

二、同理心：同理不是同意；同理是我理解你

我不同意你故意亂寫功課，但是我同理你課業負擔太重，所以我們來想想辦法。

我不同意你上課走來走去，可是我同理你控制不住，所以我們來想想辦法。

我不同意你一不順心就大發脾氣，甚至傷害自己身體，但是我同理你的不知所措、沒面子、挫折，所以我們來想想辦法。

同理而不是一味的同意，讓孩子覺得你和他站在同一陣線，但是你不是討好、放任。同理心，可以讓彼此之間的高牆倒下，不但關係好，而且未來更有解決的可能性。

三、接收傾訴而不批判：進入孩子的視野

讓孩子說出口，若說不出口就利用心理遊戲理解他（請參考前一篇的「5 個遊戲治療」）。孩子有他的視野、世界，他說出口的是他認為的事實，和我們的世界是不一樣的，我們可以做到的是先尊重、不批判、同理心。光是堅守「先忍住、不批判」這一點，您會發現，孩子有話可說、有話要說。

四、別讓孩子沒面子

孩子有自尊的需求，現在的孩子都特愛面子，特別是低成就的孩子更愛面子，甚至有強烈防衛心，大人教起來往往動輒得咎。因此，無論當下是否想好處理方法，先顧及孩子的面子，再來從長計議。

五、學習不怕慢，只怕讓孩子感到威脅

碰到防衛心很重的孩子，一個眼神、一聲嘆氣、一個動作，他

都會覺得師長當他是笨蛋，因而大人的修身養性很重要（和顏悅色、和顏悅色、和顏悅色，在本書中會不斷強調）。對於學習進度落後的孩子，透過預習和減量以降低教材的難度或份量（例如：數學只先學會基礎題；或別的孩子半小時學 10 個生字，我們家先學 5 個），先求有，再求好。重點是大人要克服心魔，別怕慢，只要在前進的路上，孩子就能有成就感，這是學習道路上最好的推動力！

六、先有革命情感，後有歡笑收成：一起找辦法、建立時程表

受挫的孩子，很大的感覺就是無力感。沒有人喜歡自己不夠好，只是不知道怎麼辦，於是只能用種種藉口：「我不喜歡學習、學數學又沒有用。開根號、因數分解生活中用得到嗎？不是我笨是因為我還沒努力、學有什麼用反正就是學不會……」不論孩子的起點為何，我們一起來面對，和孩子一起來克服學習和生活上的阻礙。先有革命情感，當他認同你，做什麼都容易，接著找辦法來解決問題。方法是找出來的，先不需想的太複雜，可以和孩子一起建立學習時程表，例如一天背 3 個單字或看一篇文章，過了一陣子，孩子會感受到自己的進步，有成就感，就啟動了良好的循環。

> " 人本心理學強調：關係本身就具有療效。
> 建立良好關係，是改變的起點，
> 也經常可以避免大人或孩子都不樂見的事。"

CHAPTER

2

美妙的閱讀練習

有策略的看書,實力自然提升

理科的孩子需不需看文學的書？要！
文科的孩子需不需要看科普類的書？要！

閱讀是學習之本，但閱讀不只以課業為目的，
而是帶領我們擴大認知邊界、探索人生樂趣的神奇窗口。
3C 世代孩子的資訊來源爆量又碎片化，
更需要有策略有邏輯的閱讀技術，
累積出流暢力與推論力。
讓我們帶著孩子沉浸於閱讀的幸福，
餵養給大腦更豐沛更有條理的知識。

常比賽卻從未得獎的孩子：
聊聊閱讀如何改變人生

談到閱讀，雅麗老師可以分享自己過去血淚斑斑的錯誤方法史，當然，還有調整之後的收穫。

我相信對多數人來說，學國語（國文）會比學數學容易，畢竟我們常聽到「數學不會就是不會」，但很少人說「國文不會就是不會」，畢竟語言是我們天天講、天天用的溝通工具。但是，隨著素養命題趨勢，考卷的字數越來越長，長到像在考速讀，再加上一綱多本的教材，現在我已不敢再拍胸脯對學生說：「國文好簡單！」

先來聊聊雅麗老師我本人，從小學習語文「順風又逆風又順風」的故事。

在國小階段，國語是相對簡單好學的科目。大家常聽到的各種國語文競賽我幾乎全部參加過，有字音字形比賽、低年級的說故事比賽、國高中甚至是成人的演講比賽，每次參賽，所有講稿都是我獨力完成。而大大小小的作文比賽，我更是從小一開始就無役不與，到了國中，在高手雲集的升學班，還是由我代表班上參加比賽。

從國小開始，我每學期、每一科都會買參考書。因為父母忙於工作無暇顧及孩子的功課，段考前我就靠著參考書複習，無論是選擇題還是填充題都難不倒我。到了國高中，開始學文言文，但

即使是對很多人有如火星文的文言文，只要上課時認真記下老師講解、譯成白話文，回家再拿出自修練習，要考 90 分以上並不難達成。

目前為止，我提到的都是順風順水的學習表現，那麼，逆風是怎麼回事？有沒有注意到，以上提到這麼多看似輝煌的比賽經驗，但我並沒有提到這些比賽的最後戰績！是的，在我大四拿到臺北市政府社會組徵文比賽第一名之前，我沒有得過前三名。

我很獨立，向來自己完成所有大小比賽或師長指定的活動，中年級的老師請我籌備同樂會，我可以一個人安排所有節目，辦一場讓全班開懷大笑的活動；我很獨立，國小那些年參加所有的語文比賽，我一路以 6 歲、7 歲、8 歲……的能力，去力敵其他選手（和選手背後可能提供協助的師長）。

我後來甚至已經習慣，每一回比賽名次公布，榜單上不會有我！我幾乎是注定陪榜的參賽者，都是其他同學獲獎。這實在是很奇妙的矛盾，無論老師或同學，幾乎所有人都認定我國文成績好，也會寫作，甚至有國中補習班老師來問我平常是怎麼寫作文呢！我從來沒有補習過作文，上課聽老師怎麼教我就照做而已。還記得國中時和我一樣讀升學班、也一樣是作文選手的朱同學當時就有得到前三名，她念頂尖大學的中文系，畢業後，我還常在各大媒體看到她的作品。

那問題來了，為什麼我「在作文比賽從來沒法得名」？更慘的回憶是，考高中聯考，作文滿分 50 分我只拿了 25 分，從來沒參加過比賽的同學還拿到 40 分呢！到了大學聯考，我的作文分數彷彿命中注定，再度只拿一半分數。這是怎麼回事？這中間的矛

盾，我始終不懂，直到大四那年，我第一次拿到臺北市某項寫作比賽第一名，才知道關鍵所在：**因為過去的我沒有閱讀習慣。**

在大一之前，除了課本不算，我屈指一數，曾完整讀完的課外書籍，竟然只有三本！一本是哥哥的老師贈送的《汪洋中的一條船》；一本是六年級導師送我的《天地一沙鷗》；還有一本，是我去廟裡拿的《地獄遊記》。

總之，此前我曾好好閱讀的書，就是「我手邊現有拿得到的書」。無論是小學或中學，我不懂得尋寶──我沒有去圖書館借書──下課時間那麼寶貴，怎麼捨得拿玩的時間去借書？零用錢那麼寶貴，怎麼捨得花錢去買書？雖然家境小康，但是父母從未鼓勵我要多閱讀。爸爸向來的說法是：「要看書？去看課本就好啦！」

從小我看的書，不外是課本和參考書，幾乎沒有閱讀其他課外書的習慣。我把空暇時間用在打球、練琴、玩耍，甚至於賴在大人身邊哈啦聊天。升上國中後，科目忽然變多，更不會有想擠出時間看課外讀物的念頭。

因此，我的作文，始終徒有四平八穩的骨架，內容只見制式而不豐厚。我能代表班上參賽，大概是因為平常形象乖巧，讓老師與同學感覺可靠，而在我幼稚的認知世界裡，我也自我感覺十分良好。十幾年來我一直誤以為，作文不就是把學校、生活所學、所見寫一寫，不然要寫什麼呢？

我後來才知道，有閱讀，就能加深加廣所知所學；有閱讀，就能觸碰生命中未曾踏足過的時間與空間。

難怪，國文程度看似很好的我，當時寫出來的文章無血無肉，

更在兩次升學考試都讓自己跌了一大跤，考取的學校也遠遠不如預期。

我的改變發生在大學後。因為每天從市區到淡水通勤實在太遠了，我大一下學期在學校附近租房，加上開學沒多久我就確定由統計系轉入企管系，不用再煩惱繁重的統計系課業，我開始勤跑圖書館借書。到了大二讀企管系，應付課業對我來說還算游刃有餘，於是又投入更多的時間閱讀。就這樣，我這三年一口氣把以前極少閱讀的時間綿密的補回來，一直看一直看，大量累積課外閱讀，在大四我參加徵文比賽拿了第一名。從此，寫作不再是我絆腳石，反而讓我找到另一片天地——投稿、出書、以文會友，擔任教職後教孩子們作文、指導學生參加語文競賽。

關於閱讀的 6 個提醒

聰明的你應該知道了，關於雅麗老師的「黑歷史」，總結一句話就是：只寫不讀，缺乏內涵。以我的經驗出發，我期待孩子們都能透過閱讀，能讓生命更豐富、讓學習更順暢的。當然，以現在的年代而言，閱讀早已不限於紙本書，但資訊來源越多元，孩子就越需要學習更有效的閱讀策略。

我們先談大原則，接下來的篇章再一一細數不同特質的孩子會碰到的各種閱讀情況，以及該怎麼進步。

一、閱讀是輸入、寫作是輸出

閱讀與寫作，兩者是並重的。我曾經聽一位學姐侃侃而談她多愛閱讀卻從不寫作，但這容易造成閱讀的消化不良，沒有練習就難以用漂亮流暢的文字輸出；至於我，則是正好顛倒，曾經只寫

作卻缺乏閱讀，導致兩次聯考不如預期，代價算是有點大。

二、閱讀可以由易而難

我大量閱讀的起點，大約是從侯文詠的《頑皮故事集》和劉墉的作品開始，然而不能一直停在同類型的書籍，總是要擴大舒適圈，於是我會刻意找更厚重的經典作品來看，例如《京華煙雲》、《生命中不可承之輕》等等，在大學畢業時，我發現自己的閱讀類型和理解能力都擴展很多。

三、閱讀可以重複讀

不是每一本都要重複閱讀，而是自己喜歡、覺得重要的書再重複閱讀。重複閱讀的好處在於：

① 確認自己的閱讀理解。

② 對照自己的生命經驗。

③ 產生自己對書本內容的看法。

④ 引發自己的思考或自由聯想（寫作的材料就有囉！）。

四、閱讀不怕慢，但是早一點一定更好

我大一下才開始閱讀，真的太慢了，鼓勵孩子現在就開始吧！

五、閱讀要環境

我自小的閱讀環境也算文化沙漠吧，才會小小年紀就跑去廟裡拿《地獄遊記》。現在的家長很容易就可以布置出適合閱讀的環境，而環境可以是時間，也可以是空間：

① 書的可及性、方便性，家中處處有書，或帶孩子從小習慣上圖書館。

② 孩子要有空白時間，如果把時間表塞滿課程，何以談閱讀？

③ 沒有其他誘惑。讀書的樂趣要靜下心來才能體會，可是好吃好喝好玩的事情太多，大人得花點心思讓孩子遠離誘惑。

④ 閱讀要不斷鼓勵。我得感謝大學時同層「樓友」，法文系的黃學長。每看到我就叨念一次：「去讀書啦！去看看米蘭‧昆德拉的《玩笑》、《笑忘書》……」他真的不斷提醒，念到我好奇的去拿起他推薦的書看，果然獲益良多。

六、有趣的選書

每個人有自己認為的趣味。從讀書得到的趣味，真的無可替代！幸運的是，現在出版品真的好多、有趣的書浩瀚如海。只要用心為孩子選擇，或者帶著孩子一起選擇，我們就多一次感動孩子心靈的機會。

 雅麗老師的小提醒

輸入和輸出一樣重要！

　　學習的關鍵三過程：輸入－處理－輸出。我以前的作文能力等於只有處理與輸出，嚴重缺乏輸入。幸好大學三年的扎實課外閱讀，讓我不但追上同儕，更為自己一次又一次開拓美好的樂趣與自我突破紀錄。大家的孩子絕對不會比我更晚開始看書，現在開始閱讀，孩子一定會有所不同！老師的小時候做不到的事，大家現在都可以做到呢！

一看書就喊累？（上）：
找出孩子說不出口的困難點

有一回約學生去臺北市重慶南路吃飯及逛書店，希望學生能自己挑幾本適合自己的參考書。沒想到其中一個孩子說：「老師，我可以到門口等你們嗎？」我問他原因，學生說：「看到這麼多書，我會頭暈。」看著孩子走出書店的背影，我其實很心疼，因為他連一本書都沒拿出來翻，光是看著書架上一排排書背，就頭暈了。

我們先來看看幾個很常見、但孩子不太懂得說出口的困難點，特別是已經國小二年級以上，理論上已認識較多字彙的孩子，有沒有以下狀況：

● 看到書，眼睛就撇開，甚至頭轉開。

● 喜歡聽故事，卻不看故事書。

● 小學中年級後，許多課文還是看不懂或不會念，只是假裝跟著念出聲；上了國中，朗讀課文機會不多，萬一要念，不是「有口無心」（看似有念其實不知道自己在念什麼），不然就是繼續用演的，假裝跟著讀。

● 要他念課文或念題目，故意用怪聲念課文，甚至生氣跑走（因為愛面子）。

● 常瞄一下題目就說看不懂在寫什麼、看不懂應用題在問什麼，但是很少反應國語課本看不懂，因為小學老師會講解、同學會念出來，他用聽的就可以熟悉課文。

● 高年級了，念書仍須用手指頭指著。（這是好孩子，懂得想方法幫自己）

● 國中生說「對讀書沒興趣」；小學生說「我就是不喜歡讀書」（愛面子，所以孩子會自認不是能力問題，而是興趣問題）。

● 看排版太密的書、逛書店、逛商品密集的商場會頭暈焦躁。（孩子不懂表達，可能連自己都以為是缺乏耐心所致）。

● 看文字容易跳字、增字、減字、跳行。

● 常不知道怎麼判斷語詞的斷點，例如有家長反應，孩子在讀題目時容易中斷在錯誤的地方。

如果有以上任一項狀況，就要懷疑孩子有閱讀上的困難需要幫忙，但他沒說出口，也不知道問題的關鍵；他認為說了也沒用，老師或父母不見得能幫上忙，搞不好只會招來一頓碎念：不認真聽課、不專心、懶得讀書、打電動很專心看書就分心……如果我是孩子，我也不想說啊！

有足夠的閱讀流暢力，我們才能進一步努力於閱讀理解或閱讀素養，因為閱讀流暢度高的孩子，不用花太多力氣在「解碼資訊」，可以釋放更多的腦力去理解內涵。

那麼該如何幫忙孩子呢？可以依照年齡採用以下 7 個方法：[1]

一、低年級：素材或文章是否有注音標示？

因為孩子很少閱讀，識字量當然少，一念出口都還沒讀完呢，多半就先被老師糾正、被同學笑、被父母罵。所以請爸媽們要和顏悅色、和顏悅色、和顏悅色（很重要所以說三次），協助孩子把不會念的字標上注音，喚醒孩子的注意力及直接提示正確讀法，讓孩子在人前不失面子。

二、無論什麼年級，都先預習課文

我們在第一章提過，要免除孩子「感覺自己很笨」的威脅。孩子愛面子是很正常的事情，事先預習課文，讓他在家先讀過（通常需要多練習幾次），不必精熟，讀出聲音，差不多八成會念就算通過，有了準備，他在學校念課文會更有自信。其實很多看不懂課文的孩子，在校「演」了那麼多年，自己也會緊張。我有一位學生，開始習慣預念課文之後，在校就能大聲讀出課文了。**課文讀得順，未來寫考卷、讀題目或閱讀長文的流暢度也會進步。**

三、和老師先溝通

如果孩子閱讀能力弱，可以先跟老師溝通孩子的情況，盡可能顧慮孩子感受，不要當眾糾正以免讓他被同學訕笑，孩子讀錯了，需要指正時不要大聲責罵，有安全感的孩子會更敢念出口、更愛學習。

四、教孩子增加使用語彙的數量

很多孩子因為詞彙量不夠，導致先入為主，只要「看到黑影就開槍」。例如這個很簡單的句子：

老奶奶要我們在校門口前集合。

部分孩子只瞄到「老」字，嘴巴比思考快，會直接讀出「老師」二字。人類大腦有自動修正功能，有些孩子發現口誤會立刻修正回「老奶奶」，但學習動機弱的孩子就可能將錯就錯、乾脆不修正，直接當作「老師」。

又或者，看到「校」字，孩子可能又脫口念出「校長」。一樣會有人修正，有人不修正。

念到「集」，孩子可能念出「收集」。一樣有些孩子會修正，一些孩子不修正。

就這麼短短幾個字的小句子，有動機的孩子，即使念錯仍讀得懂原義，然而就這麼一個小念頭的修正，卻已占用他很大的能量，長久下來，老是不斷**錯讀－修正－錯讀－修正**，讀書當然累。

如果沒有啟動修正功能的孩子，他的整句話可能變成了：「**老師要我們在校長門口收集**」（聽到的人是不是一頭霧水、很黑人問號？）。如果再繼續往下念文章，錯誤更多，很可能一路都讀錯意思，或整篇文章沒有邏輯、沒有接收到意義，他會感到非常無聊。

又例如自然科，常出現一些日常生活較少提到的元素或專有名詞，有一個實驗相關的題目敘述是：

「**將鎂帶置入溶液中……**」

孩子第一眼瞄過去，有的人會問什麼是「鎂帶」，但也有人會問「帶置入」是什麼意思。

因為孩子的世界中，有可能第一次聽到「鎂」、「鎂帶」這些詞彙，對他們來說不是日常慣用詞彙。「鎂」一個字就是一個詞，而「鎂帶」卻也是一個詞，不同孩子讀文的**斷點**不一定相同。

要避免這樣的情況，除了事先在家幫孩子預習，長期的策略就是：**增加詞彙量**。尤其在 12 歲以前的記憶力、詞彙力訓練，將影響後續的學習。多閱讀，有些詞彙會一直重複出現，或者在生活中，家人刻意使用較難一點的詞彙。

如果是國文課，特別是國小階段，老師通常會請孩子把課文

的重點詞語圈出來練習或考試，在家時我們可鼓勵孩子不只學圈詞，而是**將上下文一整句話念出來**，甚至可以找一些**相似語詞替換**，同時間就能多學幾個意義相近的詞彙！

五、遮字板練習

遮字板可以協助孩子在念書的時候更專注、不跳行，可是市面上不好買，其實只要拿張白紙對摺即可。方法很簡單，用紙遮住課文後半段，讀一行露出一行，可幫助孩子視線專注在眼前的文字，降低視覺干擾。

六、以言語告知，刻意提醒孩子專注！

有時候，效果是可以透過「要求」而得到的！這裡說的「要求」，不是要爸爸媽媽執著於「成績」（學習成效不一定馬上等於分數），不要責罵孩子，而是透過清楚指示，堅定要求孩子練習專注。例如要求他一個一個字好好讀出聲音，幫他打分數，念錯一個字錯扣一分（或採用其他雙方討論過的計分方法），剛開始別太嚴格，過猶不及，當孩子錯太多，有時我們要當作沒聽到，隨著孩子進步，再一步步提高嚴格程度。以前有一位小三的孩子，每一次上課我會要求他好好讀出課文，很有意思的是，才經過幾

課的練習，沒多久就不必緊盯提醒，他後來在讀課文時都會自動切換成認真閱讀模式。

七、改善眼球追視問題

　　生理上的進步，是給予孩子珍貴的禮物！除了專注力不足或認識字詞太少，閱讀時容易跳字、跳行、多一個字、少一個字的孩子，也可能是因為「眼球追視問題」，這和下一篇要提的「閱讀自動化能力」有關。我和其他老師曾在不同班級帶著孩子做這種訓練，非常簡單，大約練習一週就可以看到成效，而且效果可以持續，訓練方法我們將在下一篇詳談。

1——這些訓練方法可以協助閱讀能力偏弱的孩子集中專注、提升流暢力，但特教領域談及的閱讀障礙有更複雜的複合成因，需要尋求專業的評估與練習。

雅麗老師的小提醒

關鍵生字的閱讀辨識訓練

　　雅麗老師常會從國小自修挑出生字語詞，編寫成迷你短文，讓學生用來填空以練習辨識生字、熟悉用法。括號內當然可以有不同的答案，但我們這個訓練的目的在於熟悉課文生字，所以當下會以課本範疇為主，可自行彈性調整。

【生字詞彙增能單－出自六年級課文〈神奇藍絲帶〉（康軒版）】

① 行事一向謹（慎）的李村長，非常審（慎）的處理搬遷公墓這件事，畢竟（慎）終追遠一向是華人重視的習俗，村長必須（慎）防在過程中損害了任何一方的權利。當這件事圓滿完成了，李村長謝絕了所有的贈禮，並且偕同夫人到每個有關的行政部門親自道謝，他說：「施人（慎）勿念，受施（慎）勿忘。」

② 做事一絲不（苟）又有遠大志向的哥哥，竟有一位（苟）且偷安的弟弟。哥哥一向不（苟）同弟弟做事的方式，哥哥說（苟）安度日，坐吃山空的弟弟未來一定會變成流浪漢。

③ 買東西喜歡和老闆要求折（扣）的陳老師，講解春秋時代的諸子百家思想史，她（扣）緊主題，將內容講得絲絲入（扣），此時正在（扣）鈕（扣）的小明，想到被（扣）上販毒罪名的爸爸已經被（扣）押，媽媽入境泰國時又被海關人員（扣）留，竟然不自覺嚎啕大哭。然而，因為做家事沒有（扣）住原則，才被父母（扣）零用錢的陳老師，心情不太好，於是不明就裡的（扣）小明學期總成績一分。

一看書就喊累？（下）：
鍛鍊閱讀流暢力

★ 適合：所有年齡層

有家長反應，小二的孩子不知是因識字還不足還是其他原因，對國語的閱讀理解力偏弱，可以怎麼加強？想要鼓勵孩子多讀課外讀物，要如何知道他有沒有理解吸收？

一般而言，小一到小三的閱讀歷程發展是「學會閱讀」；小四以後才是「透過閱讀去學習新知」。可是，我看到好多孩子，即便升上國中，卡關在小三程度的閱讀能力階段。就我長年的教學現場觀察，閱讀能力有改善空間的孩子並不算少，只是問題程度不一，而爸爸媽媽也未必能夠察覺。

我曾經遇過一個前三志願高中畢業、後來也考上臺大的學生，求學歷程看似一帆風順，其實他從小深受閱讀問題之苦。對他而言，每一次看書本都是辛苦的事情，必須花費別人更多倍的心力去把文章每一個字「讀進心裡」。為了克服注意力分散和跳字、跳行問題，他乾脆將整本課本拆散，把每一頁摺成四分之一大小，每次只看四分之一的內容，強迫自己專注在那幾行文字，看完了才接著換另外的四分之一頁。因小時候不懂得這是閱讀困難，長大後才尋求專業訓練協助。

不妨想像一下，當我們還不太會騎自行車，駕馭起來就很費力，腳要踩、手要扶、眼睛要瞄路況、要看紅綠燈、注意何時要煞車、

何時按鈴、何時閃路人……此時，如果有個人在後座和你講話，我相信一定更讓人緊張，聽話聽得斷斷續續，甚至根本聽不入耳。然而，當一個人騎自行車已熟練到不經思索就能手眼腳都自動化的地步，那麼就可以放鬆和人聊天，甚至戴起耳機跟著唱歌。

閱讀也是如此，缺乏自動化的能力，會耗盡孩子的精力在認字、流暢度上，那麼他只剩下一點點的力氣放在理解內容，不但孩子容易喊累，最後也影響閱讀理解及學習動機。

「自動化」是指原來需要非常專注才能完成的技能，經過一段時間的練習之後，不再需要投注很多的注意力即可以完成的歷程。

達到「自動化」有幾個特徵：正確率高、速度快，不太費力及費神。認字技能自動化或閱讀自動化，對於閱讀理解能力的增進是很重要的[1]。

自動化能力很重要！來做「讀文小健檢」

很多孩子透過在學校的學習就能一步步達到閱讀自動化，然而有些孩子，尤其是國語、英語成績不好的孩子，或是有 ADD、ADHD 特質的孩子，如果沒有經過刻意練習，有不少比例很難達到閱讀自動化。

要如何判斷孩子的閱讀流暢力是不是偏弱？前一篇提到的詞彙量太少，代表基礎能力還沒到位，但也可能是眼球追視能力偏弱。找一篇非課文的新文章，請孩子出聲讀一次，檢測孩子念文章的過程是否有下列情形。花個 3 分鐘聽一下他的朗讀，說不定就能察覺問題，這亦是改變的契機，你可能成為他一輩子的貴人呢！

- 動不動就少字。例如，「我們」讀成「我」。
- 增加字。例如，「操場」，念成「操場地」。
- 使用其他字來代替。例如，「校長」，念成「校園」或「學校」。
- 好幾次停頓不前。遇到生字不會念，就停下來完全不想念。
- 斷句錯誤。如：「童話王國，大發現」，念成：「童話，王國大發現」。
- 字句顛倒。如：「王國」念成「國王」。

不論是小一到小三（正在發展閱讀能力的階段），還是小四以上，甚至是國中生、高中生，都建議先提升閱讀流暢力，否則最根本的問題沒有解決，孩子達不到閱讀自動化，永遠在「輸入訊息」、「解碼過程」中耗費過多的能量。一個人的認知能量是有限的，當我們花太多心力在前端，後續能投入處理「閱讀理解」的能量就少很多，造成「有讀沒有懂」，容易感覺疲勞。

有了流暢力，不用耗費太多心力去克服「不自覺卡關」的狀況，可以釋放更多的腦力去理解內涵。

如果孩子能力足夠，卻一直無法好好的發揮，是很可惜的事情。

一輩子受用的眼球追視訓練

眼球追視訓練的方法簡單、不用花費成本，只要短短一、兩週就能看到效果，幫助孩子提升讀課文流暢度、語文流暢度與字詞流暢度。而且別以為只有低年級小朋友才會念錯字，即使很多成人看文章也是用「既定印象」在讀，不少詞語會看顛倒呢！

★工具：計時器。選 5 篇不同類型的文章，例如應用文、抒情文、論說文、說明文、記敘文各一。選文的長度不要太長，約莫等於學

校正在學的課文長度，當然也可以從課本中挑選還未學到的課文。

步驟一：家長自己用正常流暢的速度，念完一篇文章，並計時。這個時間就是孩子挑戰的目標。時間目標沒有絕對標準，基本上就是以成人可以正確流暢、不刻意放慢也不打結的讀完該篇文章為主。

步驟二：讓孩子開始念同一篇文章，第一次不計時，只要清楚完整念出聲音，孩子可能會念錯不少字，但不要打斷他，等念完再教他讀錯的部分，甚至可直接在文章上寫出正確注音。

步驟三：請孩子讀第二次，並開始計時。有些孩子可能計時第二次或第三次就能達成目標，有些孩子可能要五、六次，但無須比較。

步驟四：一篇達成目標，才繼續練習下一篇。但同一天內不要一口氣讀完 5 篇，可分成幾天進行，有些孩子不到一週可挑戰 5 篇，有些孩子大約兩週可達成。

讀文訓練之前，這 5 篇文章是否需要先解說內容？如果能事先說明當然很好，但也有些孩子透過幾次讀文練習就自然理解，這也是另一種收穫。當 5 篇文章的讀文訓練挑戰成功，我們發現孩

" 不必刻意去學速讀，在家讓孩子拿起實體書直接閱讀，
　　就是收心、動眼、練腦的最佳活動。"

子的閱讀能力提升了，碰到陌生的新文章讀起來更順暢，而且對
理解力也有幫助。我曾帶領一學期的「閱讀理解工作坊」，參加
對象是國小導師，其中一位高年級導師在開學一個月後帶全班同
學一起用這個方法訓練，到了學期末時得到全年級錦標，師生都
士氣大振呢！

　　視覺的「追視」順暢了，解碼就能自動化，閱讀速度也會加快。
根據認知心理學家弗萊雪的研究，集合閱讀能力差的中高年級孩
子，進行自動化流暢訓練，訓練組學生一分鐘可讀 91 字；未接
受訓練的學生一分鐘 61 字，速度相差很多！

養成推論力，看文章不再滿頭問號

　　克服流暢力以後，提升閱讀理解力會事半功倍。以下是整理自
教育部網站的閱讀策略，熟悉這些文章中常見的關鍵詞語，可以
幫助低年級孩子更容易讀懂文章。中高年級的孩子已漸漸能精確
使用詞彙，但「因果關係」、「列舉法」和「提問法」的概念，
一路可以沿用到讀書甚至準備考試策略，在後面篇章會帶著大家
認識更多實際應用的例子。

　　① 讓孩子正確區分：他、它、牠，他們。用遊戲或小短文舉例，
這幾個「他」、「他們」、「它」分別代表什麼，幾次之後，小

二的孩子多半可以區分，更不用說更大的孩子或國中生。這個活動看似簡單，但可以訓練推論力，引導孩子對判斷前後文的主體到底是誰。

② **認識轉折意思的字詞**，例如：卻、但是、可是。舉例讓孩子知道這些字或詞現身的時候，代表前後文的意思會相反喔！

③ **認識因果關係**：「因為」什麼原因，造成什麼「後果」。引導孩子釐清事件或句子的先後關係，可能是多重原因造成一個後果，也可能是一個原因造成多個後果。

④ **列舉標出 1、2、3……**文中只要出現可條列的事物，幫孩子標出 1、2、3；有先後順序的事物，標出 1、2、3；有方向性的事物，標出 1、2、3。

⑤ **書名（或標題）就是指南針**：養成一定要先看書名、篇名、標題的習慣，讓孩子知道作者想告訴我們的論點是什麼，先看題名就有如先知道方向，一定有助於他理解整篇文章或故事。

⑥ **好的提問幫助理解**：六何法（也就是英文寫作提到的 5 個 W 和 1 個 H），協助孩子練習「有層次的提問」，培養高層次思考能力。前面提到小二生的媽媽問，怎麼知道孩子有沒有理解吸收？就是要靠提問法，一邊問的過程，孩子一邊會釐清對文章的理解，也能確認孩子是否有讀進去喔！

1——參考自：台師大／《教育心理學報》，民 96，38 卷，4 期。501-514 頁。

雅麗老師的小提醒

3 個輸出的練習

　　有些孩子，大量閱讀越讀越好，可是有些孩子明明也是大量閱讀，卻沒有反映到學業表現、作文能力，或更基本的，如前面所言，會出現不該出現的斷句錯誤。

　　首先，肯閱讀的孩子我們一定要先給他們拍拍手，真的很讚！然而，要讓閱讀的效果提高，我們可以再多做一點點嘗試：

❶ 朗讀：不是整本書都要朗讀出來，這樣孩子會很累，也會影響閱讀速度，只要挑選幾篇，約 3、4 分鐘的朗讀長度，仔細聽孩子斷句是否正確，不正確就調整到正確。當我們刻意去提醒孩子，通常在練習幾次後，就會發現孩子的進步。

❷ 討論：在孩子讀完一本書時，邀請孩子簡單分享，這本書主要在講什麼？最令人印象深刻的 3 個地方？是否有新學到什麼？讓孩子開口說，也是很好的學習方法。

❸ 閱讀測驗：找適合年紀的閱讀測驗，讓孩子寫寫看，是家長省時省力的好幫手。讓孩子的閱讀有輸出，不再是讀進去「什麼都看不到」；也幫助孩子漸漸試著自己找一篇文章的重點。當然還有一個實用導向的附加功能：很多閱讀測驗都會額外整理成語或語詞，孩子可以順便多學一些詞彙。

閱讀前必用小法寶：
先備知識 & 定位能力

我喜歡從心理學中找方法，「認知歷程」四步驟是可以提升閱讀效果的好方法：

① 擁有先備知識；

② 對外來訊息加以注意；

③ 建立文本內在連結；

④ 建立與長期記憶的外在連結。

擁有先備知識（prior knowledge），正是第一個基本步驟。有一個研究是找來小學四、五、六年級的猶太教學生和天主教學生，讓他們讀相同的文章後再回答問題。結果猶太教學生回答「男生成人禮」的相關題目[1]，無論是簡單的明示題或困難的推論題，答得又快又正確；而天主教學生則是在回答「第一次聖餐會」的題目時，明示題及推論題，皆能答得又快又正確。男生成人禮是猶太教的儀式，而聖餐會則是天主教的活動，信仰不同宗教的孩子因為日常接受的文化洗禮不同，即使閱讀同一篇文章，他們所領悟或接收的資訊重點也有所差異。

無論什麼年齡，具有「先備知識」都可以協助大腦連結經驗、更快速理解閱讀的內容，對於閱讀理解力的提升可說是小兵立大功。我們平常可以這麼做：

了解閱讀內容與孩子的「起點行為」：家長可以先瀏覽一下書

籍，先行判斷是否有孩子不了解的內容，在閱讀之前和孩子討論幾分鐘，幫助他後續理解。例如：馬克·吐溫的作品《他究竟是生還是死》，書中的主角之一是畫家米勒，孩子認識米勒嗎？知道他的代表畫作有〈拾穗〉、〈晚禱〉？孩子知道許多成名畫家生前窮困潦倒，死後聲名大噪及畫作價格驚人嗎？有了這些先備知識，孩子在讀作品更能夠充份理解。

閱讀素材的選擇：如果難度太高，孩子無法快速的補足先備知識，在滿頭問號的狀況下自然無法理解意涵，更別提沉浸、欣賞這個作品，甚至會討厭閱讀。相反的，如果太簡單，孩子會覺得無趣又幼稚。選擇孩子適合的讀物很重要。

先備知識的補充有兩類：一類是概念式的先備知識，如上述的米勒相關知識；另一類是對比式的先備知識。例如：內容明明要讀日本人的生活方式，分為宗教、飲食、服裝、教育，我們反而刻意先跟孩子聊到臺灣人的宗教、飲食、服裝、教育。對比式的先備知識往往會有出人意表的效果，刺激思考的成效，有時甚至高於概念式的先備知識。可以依狀況做不同類型的補充。

閱讀定位法，幫迷糊的腦袋找方向

教育會考的素養型考題很喜歡考日常生活中會出現的文本，例如傳單、招牌、公告、新聞報導，甚至於臉書公開貼文等等，別忘了生活中處處是素材。孩子在讀課本、練習寫評量之餘，還有一個非常基本的小小訓練：方向的定位，可以有助於提升判讀文章的理解能力。

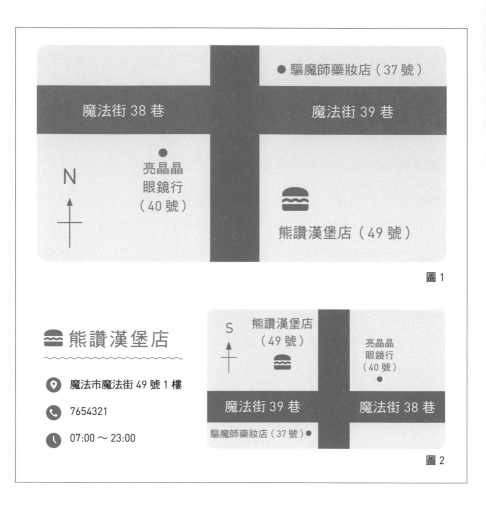

圖1

● 熊讚漢堡店

📍 魔法市魔法街 49 號 1 樓

📞 7654321

🕐 07:00 ～ 23:00

圖2

依據圖 1 來回答問題：

Q1. 請問熊讚漢堡店，門牌號碼是幾號？

答：49 號。

Q2. 39 巷和 49 號，數字同為奇數或偶數？

答：奇數。

Q3. 請問圖 1，49 號是在 39 巷的南方、還是北方？

答：南方。

Q4.「街頭」的門牌號碼小,「街尾」的門牌號碼大。由地圖的下端看向上端,請問圖 1 是從街尾看向街頭?還是街頭看向街尾?

答:街尾看向街頭。

對於低年級孩子(其實很多學生到了高年級仍沒有機會自己看門牌、找過路),可以先補充以下的先備知識:

① 一般而言,道路通常分為東西向、南北向。當然也有斜行的道路。

② 一條路有兩側,要知道門牌號碼的規畫一邊是奇數(單數號),另外一邊是偶數(雙數)號。注意,奇數號的門牌和偶數號門牌,照慣例絕不會在同一側。

③ 不論是東西向、南北向或斜行道路,門牌號碼由小至大,一般稱數字小的起點為街頭,從街頭至街尾數字越來越大。

④ 如果是大馬路,不稱「街」,而稱為「路」。

再來,幫孩子統整:

一、定位點

圖 1 是一張從街尾看到街頭的地圖。很多地圖則是從街頭看向街尾,如圖 2。看到地圖的時候要判斷一下「定位點」,就是觀察者站的地方。

二、將定位點概念應用於閱讀和看題目

Q1. 小明的錢是小華的 5 倍。開口念,想一想,誰是 1 倍?

答:小華是定位點。

小華是 1 倍,小明的錢是 5 倍。

Q2. 小明考得比小華差。開口念,想一想,誰是定位點?

答:小華是定位點。

可以得知：小明分數低，小華分數高。

很多孩子看圖片、文字，眼睛都用是瞟一眼、用掃的。例如看到 5 倍，隨便抓一個對象他就當作是 5 倍。當理解力不足，在輸入資訊的時候，判讀力就很粗糙。

多訓練孩子找出「定位點」，之後的輸入資訊不會迷迷糊糊、是有效的，無論學習或閱讀，自然會更有效率。

1——Lipson,M.Y.(1983) The influence of religious affiliation on children's memory text informations. Reading Research Quarterly,18,448-457.

有看，也有懂：
閱讀理解力的快速練功【中低年級篇】

　　我們期待孩子愛上閱讀，能靜下心、沉浸在書中世界，但又擔心孩子看完書是否能吸收？進一步觀察，有些孩子的閱讀習慣的確有點「虛」，一種情況是「虛胖」，極度偏食，只看漫畫書其他都不碰，雖然 12 歲之前的閱讀搭配圖片有助於理解，但過於依賴圖片，導致文字一多就直接放棄；另一種是「空虛」，號稱用 5 分鐘翻完 3 本書，但問他看了什麼？不知道、全忘光光啦！

　　有些孩子看了很多書，可是思考仍然很淺層，或是閱讀測驗總是 10 題錯 5 題，數學、社會、自然的考題常看不懂……我長期觀察，有些學生書讀了，但成績老是缺臨門一腳，這些孩子不是不聰明或不用功，而是閱讀時往往有一個問題：**結構力弱、缺乏邏輯思考。**

> **" 不只是讀，更要理解；
> 不只是理解，更要能推論！"**

　　三年級（或閱讀能力已有基礎）以上的孩子，需要從理解力著手。閱讀理解是學習所有科目的根本，理解內容，就不會老是今日讀完明天忘光；理解內容，還能提高孩子的成就感和充實感。

　　每當碰到「哇！懂了、我知道作者（題目）要說什麼！」──

可能是看懂一題數學題，也可能是吸收一篇好文章的重點精華，當讀到的內容和腦袋「接通了」，那種感覺真是滿足而充實呢！

低年級開始就要鍛鍊 3 種關鍵能力，這些心法專治「看書只用眼神飄過去」的孩子。無論是長文短文，平時都可以多多練習，或是利用暑假密集訓練，大約一個月至一學期左右，就會看到孩子理解力的進步。（如果確定孩子有很好的閱讀流暢力，也會認真看內容，可以跳過開口讀這個步驟，不必硬性要求。）

預測力：當小偵探，從標題找線索

根據 108 課綱「實施要點 5-1-7」：運用簡單的預測、推論等策略，找出句子和段落明示的因果關係，理解文本內容。看懂一篇文章，要有能力先描述大意，再理解主旨，這部分在小學課程有長期訓練，中高年級孩子大多已經有這樣的能力，低年級則可以多多練習掌握文章的重點。

開始看文章前，我們要提醒孩子，**標題**是全文的重要關鍵（但是很多孩子偏偏不讀標題，眼神會直接跳過），因此請孩子看文章時先開口念標題 3 次，讓他明白標題的重要性。

我們援用翰林出版社《閱讀小達人》裡面的文章當例子，這是一套針對不同年級設計的閱讀測驗系列書，其中低年級版本有一篇文章是：〈大畫家梵谷的故事〉[1]。

要看文章前，先別急，請孩子先念 3 次：大畫家梵谷的故事、大畫家梵谷的故事、大畫家梵谷的故事。

念完標題後，我們可以提問：「猜猜看，這一篇在說什麼？」

因為還沒開始看文章，孩子的回答可能天馬行空、無奇不有，但無論怎麼回答，都要給予肯定，只要不是丟出三個字「不知道」就很棒。不論答得好不好、周不周全，講完標題後，就讓開始孩子看內容。順序如下：

① 張口念標題和整篇文章。

② 第二次先回到文章的第一段，再念一次或再略讀，停下來，即時想一下段落大意。每段都一樣。

③ 停一下，說出全文的大意是什麼？

④ 最後，說出全文的主旨。大意和主旨有點不同：**大意**是文章在大約講什麼（有什麼，就是什麼）；**主旨**是文章的旨趣，是作者真正在傳達，或教會讀者更深一層的意涵。例如寓言故事，「龜兔賽跑」的故事大意是烏龜和兔子賽跑的開始、經過和結果，主旨則是「勤能補拙」或「不輕言放棄」。

連結力：「你、我、他」不是小角色

文章中的「你、我、他」往往是我們看文章時會快速掠過、不會刻意去思考的細節，但卻是讀懂文章的指針。多帶著孩子一起找出文章裡所有的你、我、他、她、它、你們、我們、他們，再去對應提到的對象到底是誰。別以為這些人稱很簡單，一遇到文言文，可是讓很多孩子吃足苦頭呢！

同樣是〈大畫家梵谷的故事〉，故事中有出現「你、我、他」、「你們、我們、他們」，可以一一詢問孩子，分別是代表誰：

師問：梵谷一直請求書店老闆買<u>他</u>的畫。「他」是誰？

孩子可看書回答：梵谷。

師問：<u>他</u>看出那可憐的女孩又冷又餓，也不管自己的困難，就把剛剛賣錢都送給了<u>她</u>。前面的「他」是誰？

孩子可看書回答：梵谷。

師問：後面的「她」是誰？

孩子可看書回答：那可憐的女孩（或又冷又餓可憐的女孩）。

推論力：一～九年級都要懂「因果法」

無論幾年級，一定都要懂得用「因果法」看文章，這是超好用的技巧，未來碰到困難的文章同樣行得通。強調因為某一個原因、某一個觸發點，才導致某一些結果或現象，讓孩子學會因果的關係。

在文章中看到「因為」或「所以」，請孩子用紅筆畫下來，並標明：<u>因為（原因）、所以（結果）</u>。

別忘了也要找出同樣代表「原因」的同義詞，例如：**原因是、因為、由於、為了**……接著，找出代表「結果」的同義詞，例如：**結果、所以、因此、導致、使得、造成、引起**……。

要注意的是，在說明一件事或觀念時，「原因」的同義詞、「結果」的同義詞不見得會一起出現，有時只會單獨出現「原因」的同義詞，同樣的，有時只會看到「結果」的同義詞，但仍然是因果關係唷！

來看這句話，「為了補充人體所需，調味鹽於製造過程中通常會添加碘、硒和其他微量元素」。那麼，這裡的<u>原因</u>就是「補充人體所需」。雖然整個句子沒有出現「**結果**」或結果的同義詞，但是仍可指出**結果**是「調味鹽於製造過程中，通常會添加碘、硒

和其他微量元素」。

因果關係有很多種，包括一因一果、一因多果、多因一果，並不是只有一個原因導致一個結果喔！

接著，我們仍用〈大畫家梵谷的故事〉舉例：

師問：梵谷因為沒有錢，所以（結果）做了什麼事？

孩子可以看著書回答：所以一直請求畫店老闆買他的畫。

師再故意倒著問：梵谷一直請求畫店老闆買他的畫的原因是什麼？

孩子可以看著書回答：因為梵谷沒有錢。

師問：因為兩人對繪畫都很有興趣，所以（結果）發生什麼？

孩子可以看著書回答：所以（結果）很快的便成為要好的朋友。

師再故意倒著問：兩人很快的便成為要好的朋友的原因是什麼？

孩子可以看著書回答：因為兩人對繪畫都很有興趣。

正著問，也要「倒著問」，除了讓孩子懂得更透徹，更能訓練順向思考與逆向思考，一舉兩得。

我經常看到一上高年級課業忽然退步的孩子，其實他們原本就缺乏一些中低年級就該具備的閱讀推論能力，而我們經常將這些能力視為理所當然，以為孩子怎可能不會呢？因此，請再重新檢視，孩子缺乏哪些能力、該如何補足？閱讀力達標，讀起書也會變得更不費力、更愉快！

雅麗老師的小提醒

幫閱讀測驗畫重點

　　閱讀好處多，除了一般課外書，我也很常使用坊間的閱讀測驗作為孩子學習閱讀策略的教材。先給孩子看一篇文章，再用上述方法開口讀文章、並開始回答問題。此外，閱讀測驗所問的選擇題，不只是填上答案，而是鼓勵他回到文章用螢光筆畫出答案，可以讓孩子學習如何去找答案、養成用邏輯去判讀文章線索的習慣。

1——翰林出版社編輯部合著，《閱讀小達人》，分低年級版、中年級與高年級版，可依年級自行選擇。

看懂內容，還要能推論：
閱讀推論力的快速練功【中高年級篇】

國中教育會考和國際性的 PISA 測驗[1]，閱讀理解、資訊的統整判讀，都是占比很高的測驗主軸，要提升閱讀理解力、進而擁有推論能力，最重要的基本功當然是長期而持續的累積閱讀。然而，對於有時間壓力的孩子、行程表滿檔的孩子、天天要補習應對考試的孩子，我們可以巧妙運用一些認知心理學的小撇步來輔助閱讀訓練。

低年級適用「因果法」、找主詞「你、我、他」連結法，這些都是鍛鍊推論力的基礎；而高年級或國中以上可以更進階，用「**5大基本結構分析法**」來練習進入作者的語境、找出觀點。還有「**閱讀素養三把刀**」，也是快速掌握文章的萬用好幫手喔！

有策略的閱讀，等於給孩子好用的架構指引，無論是看課內教材還是課外書，都會更簡單、有結構、有邏輯。把基本閱讀方法學起來，就像堆積木一樣，有了穩健的地基，閱讀素養自然就能越堆越穩！

組織力：5 種結構分析，用鷹眼掌握文章

這個練習適合程度約四年級以上、已經有基礎閱讀能力的孩子（較不適用於還在起步的一、二年級），這 5 個重點可以幫助我們進入作者語境，掌握一篇文章中的觀點。

　　《中學生每日一文2》是捷英社出版的閱讀測驗書籍2，我們以書中〈音樂家的故事〉這篇文章來舉例，示範怎麼用5個基本結構來完整解讀文章。《每日一文》系列的故事好看、選文長短適中、結構完整，很適合中高年級或國中程度作為課外補充練習。

　　〈音樂家的故事〉文中描述「交響樂之父」海頓的生平故事，他在1732年誕生於奧地利，文章提到這名偉大音樂家的兒時家境、成長過程，以及後來的經典代表作品。在此我們舉例說明文章的判讀方法，如果有興趣，很推薦找原書來閱讀，並可自己練習看看文末的測驗題目。

引用自《中學生每日一文2》捷英社出版

一、因果：先行事件與後果事件的因果關係。

　　和中低年級的練習一樣，當文章出現「因為、所以」，在前後句子就要先標出「因1、2、3⋯⋯」、「果1、2、3⋯⋯」。差別在於高年級適讀的文章不見得會把「因為」和「所以」直截了當寫出來，要稍微判斷一下事件之間的關係。例如：

　　「因」是：1.海頓家中食指浩繁。2.非常貧困。

　　「果」是：海頓6歲時就由一位擔任合唱團指揮的親戚法朗克收養。

　　「因」是：海頓到貴族家擔任樂隊指揮，生活漸漸安頓⋯⋯

　　「果」是：開始專心致志的從事他所喜愛的作曲工作。

　　「因」是：許多人來參加音樂會，只是附庸風雅而已。

　　「果」是：所以臺上在演奏，臺下許多人在打盹。

二、聚集：一個主題包含幾個小主題，或是主題之間能成為時間或空間的系列。

　　本文提到海頓的許多經典作品，就是同一個小主題，可在<u>作品名稱</u>上畫線，並寫上：1.2.3.4.5⋯⋯。

三、描述：陳述或解釋細節內容。

　　文章敘述中只要提到「是」的地方就圈起來。在這篇裡，我把「這首交響曲」以不同顏色標示；「交響樂到貝多芬了」這句話也畫跟上面同樣的色線。這可以有助於記憶文中的關鍵發展、作者（或主角）的觀察、感受、事件。

四、回應：問與答，問題與解決方法。

　　自己可以在文章中找後面測驗問題相關的地方，寫上「問」，文中有答案的部分寫上「答」。

五、比較：也就是統整或分析，比較兩個或三個以上主題之間的相似或相異性。

例如文中提到海頓於不同年齡發生的小事件，用色筆標出**年齡整理**，快速比較主角在不同年齡做了哪些不同事情：

<u>二十歲</u>時已經創作不少樂曲。

<u>一七五九年（二十七歲）</u>，海頓在貴族家中擔任樂隊指揮，生活漸漸安頓下來……

這 5 種結構中，低年級學生應用最廣的「**因果**」和「**聚集**」，多練習就能看得見進步。我們在「閱讀三把刀」還會提到同樣的概念，我的習慣是「因果」使用紅色，「聚集」使用藍色，但顏色可依個人喜好而定。

對於高年級或國中生，第一到第四項都算容易學會；「**比較**」則是比較困難的技巧，但這也是高年級以上非常重要的能力，特別是碰到說明文或議論文，文章常會表露各種正反論點，讀者要能夠找出各種線索，並加以歸納去支持作者觀點。因為比較進階，大人可多做幾次示範，讓孩子漸漸熟悉「比較」的技巧。

孩子剛開始一定找不出那麼多結構，例如因果也許只找到一個，我們不用心急，有些文章會一次涵蓋這 5 個結構，但也可能本來就只具備其中兩、三種，沒有找到也沒關係，多看幾篇之後孩子會越來越熟稔，將來碰到新文章，對於判斷文本的組織結構也會更敏銳。

1——PISA 測驗為經濟合作暨發展組織（OECD）主辦的「國際學生能力評量計畫」（Programme for International Student Assessment，PISA），台灣在 2023 年有 182 校約 6,000 名 15 歲學生參加這項測驗。
2——出自李恆、張貞睿編著，《每日一文 2》，捷英社出版。有興趣可以找原書來閱讀，有更多選文。

閱讀素養三把刀：
看長文的萬用祕技

　　不管是否為了準備考試，都要盡可能接觸不同類型的文章或書籍，但有些孩子一碰到長文型的文章，看了前面忘後面，看了後面忘前面，理解力不夠，結構性也弱，特別是議題較嚴肅、知識點多的科普類型文章或「硬新聞」（例如討論社會制度或氣候變遷的議題），一不小心就看到恍神，或者他會告訴你，每一個中文字都懂，但合在一起就是看不懂。

　　如果因平時很少接觸，不知怎麼抓重點就輕易放棄，未免太可惜了！我把前述的 5 種結構擷取出關鍵能力，簡化成「閱讀素養三把刀」，這三把刀結合了：認知心理學、教育心理理論和我自己長年的教學經驗，可以快速有力的協助孩子解讀資訊、理解文章。

　　這三把刀可以應用的範圍很廣，閱讀文章、預習備課、複習各科考試（特別是讓很多孩子很苦惱的社會科）都適用，當我們把結構整理清楚，無論是理解或記憶，都能事半功倍。

學會「列舉」，讓背書變容易！

　　三把刀之中，「列舉」這一項，重點在於找出內容「包含了什麼」，幾乎多數文章都能用得上。我曾經擔任六年級社會老師，同時教 7 個班、共 200 多名學生，光是練習「列舉」的技巧，就讓絕大多數孩子的注意力、記憶力都有明顯提升。

上課中我會教孩子如何在課本上列點、要注意什麼關鍵句或標題，下課前幾分鐘請每一個孩子把書闔上、背出書上列舉的重點給自己的小組長聽。於是這 200 多名學生在段考時，幾乎都能輕鬆完成所有填充題。

其實很多孩子「不知道」要背書，或有時只知道要背、卻不知道要背哪裡。我們一開始很明確讓他知道「要背」，以及「背哪裡」，就等於直接告訴孩子「讀書方法的第一步」。以上述社會課來說，每一次需要背誦的份量最多只有 5 個標題，有時甚至只有一句話中的 5、6 個細項。這個方法很簡單、效果非常好，全學年 200 多名學生幾乎都能勝任，大家不僅背得很有成就感，成果也能反映在考試成績上。

因此，讓孩子了解：

① 要適度的背誦。

② 列出細點。

③ 每一次背誦量不多，7 個項目以內。

先有完整概念，知道讀書方法，同時能訓練自己的背誦能力。

用三把刀讀文章，重點浮出來！

閱讀三把刀怎麼區分呢？很簡單，請準備紅藍綠三種不同顏色的筆，直接在紙本上畫重點：

● 紅刀：因果關係

只要文中出現「因為、所以、因而、結果」都要注意（或是相似詞），這是從小學低年級就要學會的練習。

● 藍刀：列舉 1.2.3.……

列點、編號，也就是前一篇「5 種基礎結構」中的「聚集」。

● 綠刀：敘述（A 是 B；或 B 是 A）

只要看到「<u>什麼</u>」是「<u>什麼</u>」，就畫線，並把文中的「是」或「就是」用力的圈出來，孩子的認知會更清楚。在理解時，可以：A 是 B；也可以：B 是 A。

平常可以讓孩子去找自己喜歡的新聞，
並且用這 3 個技巧
來提升孩子的閱讀注意力、結構力、理解力。

為了幫助大家理解，我們以臉書社團「龍騰地理新鮮事」中的文章1 為例來說明，我們分別在每一段用這三把刀標注內容。

當孩子畫完了重點，在剛開始訓練的階段，也別忘了多向孩子提問。別擔心出題目很困難，其實只要根據畫好的重點來問孩子即可，接下來會發現他更能掌握文章大意，而且結構力、記憶力都提高了！大約示範 3、4 次，就可以讓孩子「自問自答」，看懂文章後，「檢視」也是很重要的步驟。

★ 例文

萊茵河乾到不行

萊茵河乾到不能通行

最近歐洲不僅熱浪（沒有要點播溫嵐！）來襲，連帶也乾到不行。位處萊茵河中游段的德國城市 Kaub，河水水位標線降到 40 公分以下（達滿載水位是 150 公分），逼近貨船無法通航的臨界點。貨船只能減少載運量，減低吃水要求。就這樣，歐洲核心的南北向貨運大動脈窄縮了，燃料、小麥等關鍵物資供應成了問題。小編匯整了以下訊息，心中惴慄不安……

① ［基礎設施／區位／能源］ 歐洲能源仍受烏俄戰爭影響，(因) 天然氣供應緊縮。因此，(果) 德國發電大廠只能更加依賴萊茵河沿岸燃煤的火力發電廠。如因萊茵河運煤能力大減，(因) 供電問題更劇。(果)

(1) 因：歐洲能源仍受烏俄戰爭影響天然氣供應緊縮

　　果：德國發電大廠只能更加依賴萊茵河沿岸燃煤的火力發電廠

(2) 因：萊茵河運煤能力大減

　　果：供電問題更劇

② ［生態系］ 高溫＋乾旱，(因) 除減少河流水量外，(果 1.) 還提高了水溫。(果 2.) 已有報導指出河中魚類大量暴斃，(果 3.) 河流生態系堪慮。(因 1.)(因 2.) 另外，高水溫低水位也影響大西洋鮭魚洄游產卵。(果)

(1) 因：高溫 乾旱

　　果：1. 減少河流水量，2. 提高了水溫，3. 河中魚類大量暴斃

河流生態系堪慮

(2) 因：1. 高水溫 2. 低水位

　　果：大西洋鮭魚洄游產卵

③ ［經濟］由於每艘貨船載量被迫下降，導致整體河運經 ⑳
濟效益變低。現在德國企業界最關注的，一是來自俄羅斯的
天然氣量；二便是萊茵河水位。

(1) 因：每艘貨船載量被迫下降

　　果：整體河運經濟效益變低

(2) 列舉：現在德國企業界最關注的：1. 自俄羅斯的天然氣量；2. 萊
茵河水位

④ ［洪水頻率——的相反］國際萊茵河保護委員會的科學
家 Adrian Schmid-Breton 表示，這次河水位低落的事件頻率
是 20 年 1 次，但上次水位如此之低也才是 2018 年的事，反
應了極端氣候事件發生頻率越來越高。

(1) A 是 B：這次河水位低落的事件頻率「是」20 年 1 次

(2) A 是 B：上次水位如此之低也才是 2018 年的事，反應了極端
氣候事件發生頻率越來越高

⑤ ［運費與效益］為了彌補航運不經濟，近期德國企業各
界大力調動卡車，以陸運彌補航運的不足。然而這兩者的
運輸成本差距甚大，1 艘普通貨船的運量約需 40 輛卡車才
能打平。

(1) 因：彌補航運不經濟

　　果：近期德國企業各界大力調動卡車，以陸運彌補航運的不足

閱讀 3 技巧實例分享

★ 適合：高年級、中學生　★ 工具：多色筆、一張白紙

　　教國小孩子，我大多會讓他們使用上述的閱讀素養三把刀，等到進步了，再加上另一個紫色筆或其他色筆，標上其他重點，例如前文提過的找主詞「你、我、他」。一開始顏色不能太多，以免眼花撩亂更添複雜，要依孩子對文章的熟悉度慢慢增加。

✐　紅筆：因果。（寫上：「因」，並畫一顆蘋果）

✐　藍筆：列舉。（寫上：1.2.3……）

✐　綠筆：A 是 B。（圈出「是」，並在「是」的前面、後面文字畫線）

✐（新）桃紅：問和答。（寫上：問是「Q」，答是「A」）

✐（新）紫色：其他重點用紫筆畫記。

✐（新）鉛筆：只要出現他、它、他們、這、那等，圈出來，並箭頭指出是誰或哪一件事物。有助於找出各種閱讀上的盲點。

　　利用顏色去畫記「文章結構」的重點，孩子念長文時，就不會覺得念不下去，動動手也動動腦，有了顏色增加樂趣也提高認知能力，但顏色請依習慣固定下來。

　　當然，若遇到自己可以駕馭的文章，順順的閱讀也能理解，未必需要用上這些技巧畫重點，以免影響閱讀速度與樂趣。然而，有其中一段念不懂，或考試中出現長文章，發現自己的耐力不足或讀不通了，運用閱讀技巧來協助頗析結構，可以幫助理解，甚至在回答統整題、主旨題等，都會更有自信。

你、我、他的身分遊戲：
小一到國中，統統用得到！

　　無論是看白話文還是文言文，有一個很簡單但很關鍵的訣竅：找出「你、我、他」，看懂了，閱讀推論力馬上升級！

　　你我他，就是代名詞，顧名思義，就是代表了哪一個人、事、物。孩子在閱讀文章時，看到你我他，是隨便看過路過跳過，還是真的知道這些代名詞代表了哪個人、事、物？

　　有些中高年級孩子學英文時也不太懂第一人稱、第二人稱、第三人稱的意思，正好趁這個機會學起來。如果是國中的孩子，還要多一招，就是文言文的你我他，會常用哪些「分身字」出現？又分別代表誰？

　　國小的閱讀測驗文章短、敘事單純，在〈有看，也有懂〉這篇我們用短文練習過，這裡再以 112 年國中教育會考的國文科閱讀測驗舉例，考生要會分辨你我他，只要知道指的是「誰」，內容理解會變得更簡單。

　① 認出代名詞，看到你我他，停一下，想一想。
　② 往前找或往後找，分別代表哪一個人、事、物。

【112 會考國文科試卷】請閱讀以下短文，並回答 36~38 題：

名畫《拿破崙的加冕禮》現藏於羅浮宮，由首席宮廷繪師雅克路易・大衛在加冕禮隔年開始起草，約兩年多完成。

過去 25 代的法國國王都在巴黎東北方的蘭斯聖母院大教堂加冕。但拿破崙不願意被當成波旁王朝的繼承者，而自稱為「法國人的皇帝」，因此拒絕在蘭斯加冕，選擇在巴黎聖母院舉行加冕。同時仿效一千多年前的「羅馬人的皇帝」查理曼大帝，由羅馬教皇庇護七世主持，而不是蘭斯大主教。

當年查理曼大帝都還是親自前往梵蒂岡，拿破崙卻要求教皇至巴黎主持加冕典禮。在大典開始前，拿破崙已經身著綠紅色皇袍，頭戴金質羅馬式的桂冠，手持權杖，且未等教皇拿祭壇上的皇冠，就自己戴上，接著又親手為皇后約瑟芬授冠。但對教會如此傲慢的態度，若如實畫出，真的好嗎？因此大衛決定採用皇帝給皇后加冕的畫面，而不談誰為拿破崙加冕。

畫面的正中央是代表神權的十字架。從十字架、拿破崙、教皇由高到低的位置可看出拿破崙成了領軍人物，他跳過了代理神權的教會中介，直接實現了君權神授的完美結合。畫中拿破崙替皇后約瑟芬加冕，教皇庇護七世坐在拿破崙身後，神色凝重，但從教皇舉起的右手，還是可看出他正在為這一場面祝福。但這畫面仍有大衛虛構之處：當時拿破崙的母親根本沒有出席，也一併被畫在畫作裡。後來成為法國皇太后的她十分反對加冕典禮，擔憂兒子稱帝後將引發許多恐怖之

事，因此遠走米蘭，在典禮結束後才回巴黎，將皇太后放入畫中是拿破崙本人提出的要求。至於畫作主角拿破崙，畫裡的他成了體型瘦高的男子，這自然是為了迎合身型矮小的拿破崙的虛榮心，好宣揚其驍勇善戰的英勇姿態，及帝王居高臨下、無人能左右的威權。

————寫自中野京子《療癒羅浮宮》

36. 根據本文，拿破崙選擇在巴黎聖母院加冕的原因，最可能是下列何者？

(A) 仿效查理曼大帝的做法
(B) 承襲歷代法國王室的傳統
★(C) 強調自己是新帝國的開創者
(D) 希望由教皇而非蘭斯大主教加冕

37. 根據本文，大衛選擇採用拿破崙為約瑟芬加冕的畫面，原因最可能是下列何者？

(A) 強調皇后的重要性
★(B) 避免損及教廷顏面
(C) 滿足拿破崙的虛榮
(D) 聽從拿破崙的指示

碰到文言文：幫文字補上主角

其實只要特別留心，看到你我他（她、它、祂、牠），有意識的停下來，往前找，往後找，多讀一下，通常都可以理解。文言文比較難辨別，因為比白話文更容易省略主語（就是英文的主詞），除了要判斷是「誰」、還要「補」上這個「誰」，先圈出來，再往前、往後找代表哪個人、事、物。

另外，我們可多熟悉這些常見的「你我他分身字」：

第一人稱

① 我：吾、余。予（餘）、某

② 我們：吾等、某等

③ 當謙稱時：在下、區區、小可、不才、敝下、鄙人、愚、竊、僕、臣、仆、妾、老朽、貧僧、貧道、貧尼、小生、私（常見於書面語）

④ 帝（王）皇室：朕、孤、寡人、不穀

第二人稱：

① 你：爾、汝（女）、乃、而、若

② 你們：爾等、汝輩、諸君

③ 當尊稱時：君、子、足下、公、卿、先生、閣下、夫子、先生、

④ 帝（王）皇室：陛下（君王）、殿下（皇后、王后、皇子、王子、公主、太子、親王等等）

第三人稱：

① 他：她、它、牠、祂、伊、伊人、彼、之、其

② 他們：她們、牠們、它們

可以指人也可以指事：

之、其、彼、伊、渠、厥（「之」還有其他用法，最常是當作「的」、再來才是「他、它」……）

　　來試試 113 會考的文言文考題，練習判斷代名詞是誰，如缺主語就補上「誰」，寫上確定人名可幫助理解：

---

　　21. 鞠武〈報燕太子丹書〉曰：「臣聞快於意者虧於行，甘於心者傷於性。今太子欲滅悁悁[1]之恥，除久久之恨，此實臣所當麋軀碎首而不避也。私以為智者不冀僥倖以要功，明者不苟從志以順心。事必成，然後舉；身必安，而後行。故發無失舉之尤，動無蹉跌[2]之愧也。太子貴匹夫之勇，信一劍之任，而欲望功，臣以為疏。」關於這段文字的寫作分析，下列敘述何者最恰當？

(A) 分析個中利害關係，鼓勵太子須建功立業

(B) 採取先抑後揚筆法，肯定太子能獨當一面

★ (C) 以工整句式加強文氣，勸諫太子應謀定而後動

(D) 列舉前人失敗的事例，提醒太子不宜心存僥倖

1. 悁悁：憤怒
2. 蹉跌：失誤

---

　　22. 賈人某，至直隸界，忽大雨雹，伏禾中。聞空中云：「此張不量田，勿傷其稼。」天霽，他田偃壞，張田獨無恙。蓋張氏積粟甚富，每春間貧民皆就貸焉。償時多寡不較，悉納之，未嘗執概取盈，故鄉人名之「不量」。

補：賈人某　補：賈人某

補：張氏

根據本文，「張田獨無恙」的原因最可能是下列何者？

★ (A) 張氏行善積德，得到護佑

(B) 貧民虔誠祈願，感動上天

(C) 張氏田產甚多無法丈量，看不出損失

(D) 賈人福澤深厚，連帶使張田倖免於難

　　以上這些從「你、我、他（它）」連結到某人、某事的能力，建議在低年級就要達到，中高年級則必須再強調更複雜一點的推論能力。

CHAPTER 3

邏輯讀書法

學會整理資訊的能力，考試力 UP！

孩子自動寫功課、積極訂計畫
哇！多麼美好的畫面啊！

其實孩子漫不經心、不積極，很多時候是因為「不知道」，
可是我們往往理所當然以為孩子「已知道」。
雅麗老師想分享：先「知道」才能「做到」！
動機低落的孩子、容易緊張的孩子、
考試粗心答錯的孩子、專注困難的孩子……
我們要帶著他們用邏輯讀書，練習組織重點，
針對問題，一一突破！
我們不怕練習，只怕白白練習。
學會、學不會，有時只是一個「方法」的距離而已。

日常學習，學習日常

讀書若沒有計畫，日子一天一天就過去了，段考轉瞬即至。有一些孩子，個性求好心切但沒準備好，他會焦急、生氣、不知所措、找藉口，我就遇過學生常出現「考前焦慮症候群」，離考試日越近越會喊頭痛、肚子痛。要協助他解決這種心魔，最好是能養成每天規律學習的習慣，學會訂定計畫、實際照表執行，隨時檢討並修正，先規劃有助於心理安定。

另一類型的孩子則是沒什麼自信，心想反正念了也不會考 100 分，那麼就輕鬆隨便念，考幾分就看天意。對於這類孩子，則是需要幫他找到自我肯定的優勢，讓「信心」和「信念」雙重建立：願意多努力，就能多得分。

我通常會觀察孩子的個性特質、檢視讀書習慣，提供方法，讓孩子在學習成效上得到正面回饋，有好的結果，當然就願意學習。

孩子在小學時期的發展還在「他律」階段，大人們盡量時常檢視成果，有小問題隨時解決、有好表現即時鼓勵，讓孩子有一定穩定度，不至於脫離軌道太遠。

我們先來談談一些學習的大原則，例如預習和複習，以及讀書時要注意哪些重點。當然，最終目標仍是要從「他律」變成「自律」，為升上中學做好準備。

國小生、國中生，預習方式大不同

在此說的預習，是指簡單讀過課文，而不是研讀式的超前學習超修。超前學習是真的先學懂、學通，且繼續往前衝，進度比學校提早了一個學期、甚至一學年等等。超前學習有不同的思維和執行方式，要看孩子是否適合，在此先不做討論。

我常鼓勵國中生養成預習的習慣，因為 CP 值很高！只花個 5 分鐘先瀏覽一次課本也好，國中各科課程內容多而雜，對課程架構、討論主題有大致了解，老師講到哪裡就更容易進入狀況。

小學的課程相對簡單，認真預習的風險是有些孩子覺得太簡單、無聊，上課反而不想學。畢竟大腦喜歡「彩色、新奇、有一點挑戰」的事物，如果預習過頭，讓孩子覺得學校課程「反正我都會」，上課時反而想和同學玩、搗蛋，甚至破壞了學習的興趣，就適得其反。那麼國小生還要課前預習嗎？其實只要換個方式就行了，把握的原則是：**擴大知識廣度與往下挖掘深度，但不要影響在學校上課的新鮮感！**

一、順序調換：先看自修的課外補充、充電站

通常自修各單元的最後都有一些參考資料，或者提供網址、QR code（二維條碼），這些內容在小考、段考前通常沒有足夠時間仔細閱讀，我發現會認真看完這些課外補充的孩子實在不多，相當可惜；因此，何不換個順序，**把「看起來不會考」的參考資料當作預習材料**，把買自修的錢善用到底！還能充實先備知識、擴大領域。當然，一定有讀不懂的地方，沒關係，上課時仔細聽學校老師怎麼講解，學習該課內容後，有興趣再看一次。

二、看不懂的「關鍵字」，上網找資料

只看課本的標題，將看不太懂的語詞當關鍵字，上網看看有什麼資料或影片，只要和課文重複性不高，就可以當作預習資料，把抽象的詞彙「畫面化」，能強化印象、幫助後續記憶。

三、閱讀測驗或課外讀物

在開學時先翻課本目錄、大標，做個記號，在上某一課前先大致了解內容，找議題相關但內容不重複的課外讀物或閱讀測驗來翻閱。

不過，有一些孩子，我會建議和國中生一樣，最好能先預習課內的教材，例如有 ADHD 傾向、容易分心、閱讀力偏弱、書寫困難、或有數學困難等類型的孩子。

先預習，心中有準備，先掌握這一課的標題與內容，更容易學會。在寒暑假先預習，開學時會特別有成就感，創造好的開始。對於專注力不好的孩子，先預習還有一個用處：**即使上課中分心或恍神了，當注意力跳回來，較能接上老師講課的內容**，而不是兩眼一抹黑、聽一半聽不懂就乾脆放棄整節課。

無論哪一科，我習慣讓孩子預習時**標題念 3 次**，才是開始念課文，因為我見過太多孩子對於課本標題都是「瞄過、路過、直接跳過」，完全不看標題，但標題是一課的知識考點，甚至於是重要主旨，所以一定要重視標題！

順便分享，對於語文學習比較落後的國小孩子，我曾在他們六年級時就循序教一點文言文，講故事、介紹詞性、修辭法等語文常識，當他們在班上能回答出老師的問題，且意外發現自己竟然

已經學過其他人普遍不愛學、或覺得很難的內容，孩子都感到很有成就感，告訴我彷彿有發光的感覺呢！

日常讀書的技巧：SQ3R 法

美國愛荷華大學羅賓遜教授（F.P.Robinson）提出 SQ3R 法，經過教育心理學家實證之後，普遍認為是相當不錯的讀書策略。我們再配合孩子的學習情形，說明並補充如下：

一、S 瀏覽（survey）

一定要讀本課大小標題、再概讀課文，包括圖片，目的是掌握課文大概在說什麼，以及本文的學習目標是什麼？約 3～5 分鐘。

二、Q 提問（question）

運用自己已有的知識、經驗、邏輯，對課文內容提出問題。如果這一步驟不太會運用，我建議最初階的方法是將課文的「**每一個標題改成問號**」。

三、R 閱讀（read）

仔細的閱讀，才能回答剛剛所提出的問題。閱讀時也必須抓出重點。除了標題、特殊字體（如粗黑或黑體字），圖和表一定要看過，要特別注意的是，**每一個段落的最前面或後面幾句**，往往會是作者觀點或結論。

四、R 背誦（recite）

這個步驟超重要，但是太多太多學生根本就不肯背！背誦、背書，是指在不用看課文的狀況下，自己能清楚說出課文重點內容，而不是一字不漏的去背下所有文字。第一次背書時，可以在讀完

每一大段之後，先用手蓋住，**自己即時回想說出重點**，此時一定有說不清楚、含糊帶過的部分，那就再看一次、再蓋住一次、再回憶說出一次。

五、R複習（review）

再次閱讀課文，並再次回憶說出內容，但把範圍拉大。這個步驟我稱為第二次的「**大背誦**」。例如可以將一課的課文按照最大標題（通常是粗體字），分成 3～6 個大重點，先一口氣說出這幾個大重點（大標題），再依每一個大重點，分別敘述所涵蓋的內容。這個步驟可以在考試前再進行一次，對記憶重點非常有幫助。然而，有些孩子的能力無法做到一口氣講出全課大範圍內容，這個步驟不一定要完美做到，可以視情況逐步練習。

六、雅麗老師補充第六個步驟：「預賽」

寫參考書或評量的習題，把寫題目當「**預賽**」，甚至還可以幫自己打分數，例如自修只練 25 題，每題 4 分，假設錯 3 題就是 88 分。練習題目的作用之一是考前猜題，另一個重要作用是「補漏」，寫錯的題目正好可以檢視自己是粗心犯錯，還是理解有誤。

我相信很多孩子在考前複習可以做到上述某些步驟，但這些方法要從日常做起，不妨想想看，哪些地方可以再強化？是不是課文看過去就以為會了懂了，但從來無法說清楚標題重點？還是有圖就跳過、圖片附加的說明都不看？如果孩子能確實做到 SQ3R ＋預賽（練習），成績會大有進步，不必老是當淒淒慘慘的段考烈士！

雅麗老師的小提醒

學習有延續性，老課本、小工具，別急著斷捨離

數學、自然課本要留嗎？我曾在大樓回收區看到念七年級的鄰居小孩丟掉各科課本及參考書，但明明還要會考，斷捨離得太快啦！至少也要保留到會考結束。

至於國小生，三年級以上的數學課本建議可先保留。有時碰到孩子升上高年級後，數學成績忽然變差、不穩，可能的原因之一就是中年級數學有某些概念沒學透徹，或彷彿得了數學失憶症。比較極端的例子是，我有一個八年級學生，居然不太懂國小四、五年級該學到的百分率！

還有自然科課本，小五開始先保留。高年級自然科，是國中自然科的簡化版，有些孩子自然學得不好，也和以前的概念不清有關。

我特別會保留一套國中的數學及自然課本，不管課綱怎麼改，其實關鍵知識點的變化不大。我拿它們當工具書，有時學生的學習碰到卡關點，經驗讓我知道孩子哪裡學不好，翻閱課本，可以聯想出更多的訊息。

還有，積木量杯類玩具不要丟。數學有一維的長度、二維的面積、三維的體積。課本敘述、圖解是平面，一些孩子怎麼想都想像不到 3D 立體長什麼樣子，如果有積木、量杯，不要急著回收，讓孩子動手操作會更清楚。

搶救不求甚解的毛病：
善用歸納法與演繹法

以下是老師或家長們常說的話：

「這小孩以前都是班上前三名，怎麼上了高年級退步那麼多？」

「他就是有小聰明，都不去理解，就直接背下來。」

「雖然你記憶力好，什麼東西都用背的，可是以後上國中，要讀的東西太多了，會背不完吧！」

「你讀書就是不求甚解，平常看起來彷彿都會，但怎麼考出來都不會！」

孩子不一定會老實說出口，但心中的 OS：

「天哪！一下東南季風，一下東北季風我怎麼記得住？」

「爸媽，有本事換你來背背看！」

「不是我不求甚解，我根本不知道怎麼去理解。」

「古人講話好難懂，我怎麼知道這些成語代表哪些季節呀！又沒學過這首詩。」

這些年，我聽過太多大人和孩子的心聲了，其中最有價值的就是這一句「不是我不求甚解，我根本不知道怎麼去理解」。很多孩子真的不知道如何去理解，「硬背」已是他展現最大的誠意了，這樣的孩子在用功準備之後，有時可以得到 80 幾分；然而，還有更多孩子直接放棄努力，並告訴自己：「我不是笨喔，我只是沒有讀書而已。」

究竟要如何去學習並理解，才能克服這種「不求甚解病」，確實做到老師們期待的融會貫通呢？光是買題本、拚命刷題，一時間好像能把答對率從六成拉到七成，但碰到大考，題目敘述只要換句話說或加大範圍，就搞不清楚東西南北了，這並不是好辦法。

在談考試方法之前，我們要先讓孩子將「邏輯讀書法」培養起來！有邏輯的理解，有邏輯的推論，就像玩電動打怪要有厲害寶物在手，提高武力值才更有把握，無論是什麼科目，我們都要提升理解的能力值，就算是背書，也要用有邏輯的背誦來取代硬背、死背。

先觀察線索，再分類或推導

人們口頭上常說：「你這人頭腦清楚，很有邏輯！」或是調侃他人：「拜託，這個人是邏輯死亡喔！」那麼什麼是「邏輯」？

教育部辭典說，「邏輯是研究關於推理思考之原理、法則的學問。」

維基百科提到，「邏輯是理則、推理、推論，是有效推論的研究。邏輯被用在大部分的智能活動中。主要在心理、學習、哲學、語義學、數學、推論統計學、腦科學、法律和計算機科學等領域內被視為一門學科。」

什麼？讀到這裡，頭都昏了啦！莫慌，接下來真的很簡單，雖然關於邏輯的論述浩瀚如海，但應用於讀書技巧，本篇先介紹兩大利器：超級簡化版的**歸納法**和**演繹法**。

以下用簡單例子說明這兩者的不同（先不考慮地形、微型氣候等複雜因素）。

歸納法——我們在觀察許多現象（人、事、物）之後，再把所有現象綜合起來，找出一個可以通用的**結論**，例如：

● 臺灣人只能到山上追雪，平地下雪的機會很渺茫。

● 暑假的時候，去山上玩比較涼爽。

● 冬天去陽明山的餐廳，發現山上的餐廳比山下的多了一個設備——暖爐。

◎ 綜合這些觀察，可以「歸納」出：**不論四季，在臺灣，山上的氣溫普遍都比山下低。**

演繹法——以一項前提（或命題）為基礎，再根據假設或線索，找到**理由**去推導出**下一項結果**，有時要修正假設，有時則驗證假設。例如：

● 臺南位於臺灣南部，冬天的平均氣溫大約攝氏 17 ～ 18 度，不會太冷。

● 高雄同樣也位於臺灣南部，可以推論出高雄的冬天和臺南一樣不會太冷。

反過來說，我們用演繹法推導出另一面：

◎ **可是桃園在臺灣北部，所以相較以上兩地，桃園在冬天的氣溫會比較低一點。**

根據以上兩種思考方法，在理解課文內容，或整理輸入腦袋的資料時會更有方向、更清楚。

用歸納法整理古文

來看看用歸納法解讀古文的例子。

「沾衣欲濕杏花語」、「薔薇徑，芍藥闌」、「紅桃綠柳垂簷向」。

以上文字來源出處不同，但其共同點是背景都是春天，因而可歸納出「這些植物」一出現，意即代表文中指涉的是春季。

我們可以進一步歸納出古詩詞中常出現的春天植物，或與春天相關的事物，例如：

斗杓東指（《老殘遊記》第一二回：「歲月如流，眼見斗杓又將東指了。」）、萬紫千紅、鶯啼、驚蟄（二十四節氣之一）、桃符、李花、杜鵑、梨花、韶光、楊柳風……

用同一個方法，可分別整理出代表夏、秋、冬的相關事物。

●夏季常見代表：桑、瓜、菖蒲、艾草、鳳凰花、荷花、石榴、蓮花、南風……

●秋季常見代表：菊、楓、霜葉、茱萸、蘆葦、殘荷、梧桐、柿、蒹葭、金風、西風……

●冬季常見代表：梅、松、柏、水仙、朔風……

用演繹法認識緯度

運用演繹法也是學習新內容的好幫手。國小中年級的孩子都學過一個圓是 360 度，半圓是 180 度，四分之一的圓是 90 度。雖然這是數學教的內容，但這樣的邏輯也可以取巧應用在社會科的地理喔！

學地球的經緯度之前，可以請孩子這麼做：

自己動手用圓規畫出一個圓，中間畫出一條橫線當作赤道，最

上方點出北極，再用鉛筆連結北極到圓心（因為是平面圖，圓心在赤道上）。

　　孩子就可以發現，赤道到北極的圓弧只有四分之一個圓，也就是**緯度最多就只有 90 度**。此時讓孩子依樣畫葫蘆，繼續從赤道畫到南極，一樣也是四分之一的圓，一樣最多只有 90 度。

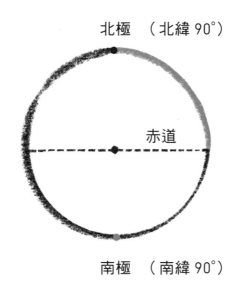

北極　（北緯 90°）

赤道

南極　（南緯 90°）

　　對於剛認識地球經緯度的孩子來說，先記住南北極在緯度 90 度，就能進階再往下學南北回歸線，接著再學東西經度、時區差異。甚至於各大洲區域氣候的分布，也可利用演繹法去推理、驗證出各種相似或相異的氣候類型。

　　運用邏輯來讀課文，會比沒有前因後果就強迫記憶來得好懂，而且因為是先理解而吸收的知識，不再需要痛苦硬背，知識更順利的進入大腦的長期記憶區，記得又牢又久。

　　記憶負擔少了一大半，學習會變「輕快」，心情與成績自然都能漸入佳境，好的循環帶來好的能量，正向的學習動機才有可能建立起來。

上小學囉！孩子們，
看得懂考卷嗎？

小學和幼兒園最大的差別之一，就是從此要一步一腳印，漸漸適應有測驗（大考小考）的日子。曾有家長來信求助，孩子剛上小學，也才剛認識幾個大字，但段考考卷好大一張，一眼望去好多字啊！感覺孩子一看就投降了，不知道是看不懂題目，還是還沒進入狀況、不熟悉考試的遊戲規則？該怎麼幫他解決讀題困難呢？

首先，雅麗老師還是要習慣性的囉唆一下，從第二章開始我們不斷反覆強調的一點：孩子真的有在「閱讀」（在這裡就是指「讀題」）嗎？還是眼睛掃一下、抓住幾個詞，只是大概看一下而已？如果沒有讀，怎麼談理解？

第一個檢驗方法很簡單：在家要他張口讀題，先養成「每一個字都要讀」的「認知」，沒錯，有的孩子還真不知道要讀題。

接著，把張口讀題變成寫作業時的「習慣」，最後才是練習不念出聲，也要能將每一個字都讀進心裡（爸媽必須觀察，並看答對率）。考前再提醒，在校不能念出聲音，但是要每一字都讀到，讀完後在心中想一想。如果孩子易分心，平時請他多用手指著課本，養成孩子逐字跟聽、跟讀的習慣。

用實物操作，創造印象

中低年級生的發展正需要高度的具體操作，最好能以操作 3D

立體物的實際經驗來學習數學、甚至是國語;不過中年級生通常一邊動手一邊就能體會,低年級的孩子卻沒辦法,剛開始可能一頭霧水,不知道這些動作和文字有什麼關聯。因此,我們要直接說清楚,操作實物也要直接連結「文字」的意思。

例如一年級數學有「比一比」的圖形練習題,要求小朋友將題目中的物品排排看,由長到短,寫上 1、2、3。我們可以這麼做:

① 拿 3 枝長短不一的筆,要孩子排長到短(如果不會,才示範給他看)。

② 爸媽直接建立文字的連結:拿紙,在最長的下面寫 1,第二長寫 2,最短寫 3。

③ 再拿其他 3 種不一樣長度的東西,給孩子練習,並要求寫出 1、2、3。

孩子有時卡關,並不是因為不懂得比序或排列,而是看到題目時有點不知所措,不了解那些文字要他「做什麼」。藉由實體操作,就可以更清楚,原來題目的要求是「按照由長到短的順序寫上去」。切記:一邊操作,一定要一邊要連結到文字喔!

那麼,需要每一題都這樣跑一次流程,動手操作加文字連結嗎?其實不必。孩子卡住的題目才需如此,而且他們模仿力很強,學過一次,以後也會類推。如果又卡住了,再操作示範即可。

在家「預考」,不害怕上場「烤焦」

低年級的孩子,更仰賴實際練習。對於一開始寫考卷有困難的孩子,我們在家也可以拿真正的考卷來練習,不是習作、自修等書籍,而是用考卷(評量卷)來培養手感。考卷可自行在販售參考書的書

局購買（通常會合釘成一本評量卷，但每一回都可以單獨撕下使用）；或者也可以上網找資源，例如「全國中小學題庫網站」，蒐羅各校的段考題目可免費下載，建議列印成 B4 大小，「長得」越像學校的考試越好。

大人們有時難免會感到矛盾，低年級生年紀還小，在校已經要考試，在家也寫題目卷，不是很辛苦嗎？其實不妨把在家的適度練習當成是心理建設。低年級學生寫練習卷的目的和國中孩子不同，國中生適量刷題是為了短時間提升考試技巧和找出概念漏洞；但對國小低年級孩子而言，先「在家考」，而不是直接「上場考」，是一種實務演練（當然練習要適量，不能過度）。

答題答對，就通過了；答錯了，沒關係，就回到前面提到的實際操作、連結文字的練習再引導一次。這麼一來，有助於克服陌生感，也找出孩子不熟悉的部分。

真實生活和考卷如何連結？生活中的體驗俯拾即是，有很多事可做：

●題目要孩子判斷挑出「葉子」的顏色，那就找找家裡的花或圖片給他看，並連結回題目敘述，直接告訴他怎麼回答才正確。

●生活領域課程的是非題：「過馬路時，沒有看到車子就能通過嗎？」不如實際帶著孩子走一次馬路、解釋燈號，並記得回頭看題目的敘述，每一個字都一起看完後作答，印象加倍。

●課文提到「踩影子」，那就帶著孩子在陽光下玩踩影子。

●一下或二上課文有新詩，就多找幾首富有童趣的新詩，帶孩子念念看。

●課本中有提到寫信，就真的讓孩子寫信或卡片，真的讓孩子

貼郵票、投郵筒。

　　以上這些體驗操作，務必記得結合課程內的學習，而且要搭配課本的文字說明。

認識考卷上的熟面孔──常見用詞

　　有時孩子不會寫考卷，有可能是看不懂考卷上常出現的語詞，例如「承上題」，很多低年級孩子根本不知道意思。

　　又或者例如國語考試，題目要孩子「看圖填寫」，但題目敘述並沒有寫出：「看圖填寫『注音』」，少了注音二字，或許孩子就愣住了！父母可以直接告知題目的常見敘述方式，讓孩子記住。

　　此外，孩子必須要學會一點：我們把考卷想像成一個小世界，一進到考試這個小世界裡面，就算題目沒有每一個字都講清楚，也要努力去想一想，出題目的老師要求自己「做什麼」。

　　讓孩子懂得去思考，考題要的「是什麼」。讓孩子實際去寫，寫過，就學會「讀題」，勝過父母千言萬語。

　　例如，填空題，如果題目要求要填入「代號」，就看代號是１２３還是 ABC，而不是要寫注音或國字，又例如題目要求：對的畫「∨」，我們就不能畫成「○」。

　　還有，一年級一開始會大量出現注音的「聲調練習」題目，孩子知道「聲調」兩個字就代表一二三四聲和輕聲嗎？有可能孩子一直無法聯想到文字，此時，就是陪著孩子「二合一」，這些一二三四聲和輕聲，就是「聲調」。可以利用身體來學聲調：用

舉手的方式表示一聲、二聲、三聲、四聲、輕聲。碰到ㄥ、ㄣ很難分辨，就讓孩子抬頭來記憶ㄥ，低頭則是ㄣ。

平時多閱讀、增加語詞量，能幫孩子比較快進入狀況。如果語詞量太少，只能用自己當下僅有的語詞去詮釋這個世界，即使考卷的字都有附注音，但孩子看了還是會用自己以為的那個詞來解釋，當然就難以正確理解整句話。例如「醫生、一生、一聲」，聽起來全都同音，但當孩子不了解「一生」，若剛好考「一生」這個詞，當然讀不懂題目。有的孩子還會以「醫生」來代替「一生」，就曲解了原句的意思。平日閱讀的基本功可以累積詞彙量，因此還是要引導孩子習慣課外閱讀。

雅麗老師的小提醒

迎接小一，學數學要準備什麼？

一、從小數到大（順著數）

●基本的 1～100。當然也可以先從 1～20 或 1～30 學起，也可試著隨意任一數開始，往後數 10 個，如：15 16 17……24。

●奇數。1 3 5 7 9……99。未來孩子在學奇數時，自然就會。

●偶數。2 4 6 8……100。未來孩子在學偶數時，自然就會。

●5 的倍數。5 10 15……100。增加數感，且升小二學九九乘法表時，5 的部分，就不用背。

●10 的倍數。10 20 30……100。一年級上學期會學「合 10」，也就是兩個個位數加起來等於 10，例如 1+9=10，2+8=10。數學的學習有很多部分會和 10 這個美妙的數字有關。

二、從大到小（倒著數）

以上的 5 項，也試著由大到小，如 100 99 98 97……。99 97 95 93……。98 96 94 92……。100 95 90 85……。100 90 80 70……。

當然，從大數字到小數字，倒著數比較困難。然而在「一上」已有出現大到小的幾個數目讓孩子填空。我們希望，藉由自然而然的 1 數到 100；100 數到 1；2 數到 98；98 數到 2。未來孩子學數學也可以很自然。然而，若升小一的孩子倒著數會有困難，也可以先等等，不必太勉強。

三、知道數字代表的意思嗎？

6 代表什麼意思？

答案一：6 個（答對了！）

答案二：第 6 個（也答對了！）

然而，有些孩子很可愛，心中的答案是：「6 代表某某同學」，對他來說第一個反應代表的是一個人，而不是一個數目。我曾看過親子教育專家王麗芳小姐在她的書中提及：她在小學一直以為數字就只是符號，而 1+2=3，代表 1 這個符號加上 2 這個符號等於 3 這個符號，因為都是符號，所以 3 是用背出來的，而不是用算的，當時她學得非常痛苦。直到長大她才知原來是「1 個加 2 個」，總數經過算一算，真的就是 3 個。

對於數字的概念，很多孩子很自然就會知道，一個數字，不但代表「有幾個」，也可以代表「第幾個」，若在生活中還可能是編號、座號。因此我們只需在旁觀察，如果孩子加減運算沒問題，這部分應該就沒問題，不必額外做什麼。如果，孩子簡單 10 以內的加減運算出現很大的困難，再請學校老師協助或者在家加強。

四、分類能力（不必準備，只要先知道孩子的發展）

我們先來看孩子分類能力的發展：

●5～7 歲知道要分類，但不是很強烈。

●8～9 歲開始顯現強烈。

●10～11 歲變得強烈。

●9 歲的孩子經過提示，很容易能分類。

　　小一的孩子大約 6 ～ 7 歲。在翰林版課本，一上有個單元會教形狀的分類；一下有個單元則是：分類與整理。家長心中可以先有準備，如果孩子這部分學不好，可以先擱著，等年紀大一點會更好，或者在家中多用「真正的東西」來練習課本中要求的分類，透過在家中足量的實物操作更容易學會。

　　到了中高年級，還不具備分類能力的學生，就不適合使用心智圖的學習法。此外，108 課綱之後，表格的識讀能力變得太重要了！學校都會教，要多注意孩子這部分有沒有學懂。不論幾歲，發現孩子讀不懂表格、無法整理表格時，不妨先回過頭來檢視「分類能力」，有時不必特別做什麼，練習分類，長大了自然就會。如果真的有困難，請教師長，多練習幾次會越來越熟練的。

中年級花樣多：
比閱讀更重要的事？

三、四年級的孩子，認知發展開始更具邏輯性（懂得合理思考的過程與結果）、開始發展分類的能力、開始發展逆向思考的能力（例如：除法是乘法的相反。大美是小美的媽媽，小美就是大美的女兒）。當然每個孩子情況不一樣，我們可以觀察孩子的能力，如果某些方面較弱，就多以實際操作或經驗分享來幫忙。

因為這個年紀也是「具體運思期」，實物操作的教學效果很好。雖說有些孩子到三年級已經有不錯的閱讀能力，看文字就能懂，有些孩子則一知半解，但無論是哪一種傾向，以實質的事物來演示，絕對事半功倍。

不要只坐在書桌前，活動也能動腦！

中年級數學開始學除法，我就拿出真正的象棋給孩子分分看，而不是只在紙上畫圈圈、在紙上分東西。不只數學或自然課，國、英、數、社、自，每一科的內容都可以透過實際操作來學習，「動手自己做」，對於此階段的孩子，有時候甚至比一味埋首閱讀更重要喔！（當然，閱讀各種素材的課外讀物，還是平時不可少的基本功！）

孩子在每個階段的成長各有發展任務，某一個年齡段過去了，要補回就要花好大的力氣呢！

我有個高年級學生，中年級時因為某些原因，學習上形同空白了兩年，對於「分類能力」的發展有所欠缺，所以，判讀表格、畫心智圖，這些能力對他來說就很困難。

無論是平時或寒暑假，都要讓中年級的孩子多運動鍛鍊大肌肉，多操作需要靈活運用小肌肉的活動（如拼圖、剪紙，看似簡單，但有些孩子到了中年級拿起剪刀剪東西還會有點歪扭！），參觀科學館、博物館、美術館（特別是跟未來課程內容相關的展覽），多找機會自己動手做，如種植物、拿各種瓶瓶罐罐（例如養樂多瓶和牛奶瓶）裝水來測量容量。甚至於，有機會的話和長輩互動，可以學稱謂和人際關懷……等等。

中年級學習國語文的重點

除了各式活動，從二年級升上三年級，學校課程的難度會跳一階，就像國語課，有一些需要注意的重點能力。我們先從課綱濃縮出幾項基本的學習目標，不同科目當然還有更多更廣的學習藍圖，只是這階段的國語文能力培養，也連帶影響其他科目的吸收或表現，不妨觀察一下以下的項目，孩子能做到多少？閱讀能力、表達能力、文字使用能力是否到位？

一、聆聽與表達能力

說話是訓練思考最好的方法，也能培養孩子的學習自信。平時多跟孩子對話，孩子要能根據話語情境，分辨內容是否切題，要理解內容和情感，並與說話的對象互動。在口語表達上，能用適當語音、語速、音量，把握重點與順序，樂於討論，提供自己意見，也能懂基本的說話禮儀。有一個簡單的測試：請爸媽先說一

小段話，再請孩子簡述。跟著，練習問與答，孩子要能提問、能回答，而不是點頭、搖頭或者幾個字的簡答。

二、使用文字的能力

① 標音符號：能運用注音符號，檢索資訊，提升閱讀效能。

② 識字與寫字：能寫出生字或圈詞，對於低年級孩子而言，是較難的部分，但中年級生可以寫的字已逐漸加量，要認識常用國字 1800 字、使用 1200 字。別忘了，要練習寫，而非只有認字。每個孩子需要練習的次數都不一樣，多利用遊戲等活動讓孩子不知不覺達到練習的次數。例如：讓孩子當小老師來教父母，甚至於用拖把沾水在地板寫字（以大肢體來學習）、有獎徵「寫」等等。

③ 能利用共同部件，擴增識字量（形近字）並且認識音近字詞。具體來說，就是複習生字的部首，讓孩子打下未來以部首來識字、寫字的能力基礎。

④ 會查實體及數位字典。

⑤ 利用字義推論詞義。學習字的形音義、詞性。

⑥ 認識量詞、基本句，還有複句。例如一頭牛、一匹馬、一件事、一雙筷子，這些量詞，都要特別注意。

⑦ 硬筆字為主，書法為輔。108 課綱仍明訂要學書法，家長可配合學校教學，決定在「寫字」這件事要付出多少努力程度。

三、閱讀能力往前邁進

① 可以流暢朗讀，認識標點符號、句的意思、段落的意思，認識各種基本形式的文體特徵。在課本內「語文活動」的單元，都會討論各式標點符號，例如驚嘆號、問號，孩子要能應用。標點符號不是只有國小要學，到了國中都還是考題中的常客。找不到

題目練習很苦惱？別擔心，教大家超簡單的一招：**把一課課文影印下來，用立可白或立可帶塗掉符號的部分，再影印一次，讓孩子練習填空寫出標點符號**，不需要額外買教材。

② 閱讀理解：擷取大意、預測、推論、提問等。孩子看完書後，請多問問他：故事說什麼？主角為什麼採取某些行動？造成什麼影響等等。

③ 推論力：從文章主旨與內容，找出支持觀點的理由。

④ 開始大量閱讀，體會沉浸閱讀的樂趣。基本上，要開始養成閱讀習慣了。如果低年級時期識字能力較弱，盡可能在三年級開始追上、補足，甚至提前做一點預習。

四、發展寫作能力

培養感受力、想像力等寫作的基本能力。學習審題、立意、選材、組織等寫作步驟。通常會開始仿寫童詩。

在紙本的學習之外，孩子真的要「動一動」，包括課內外的活動、運動、做家事，盡可能讓親身體驗的「花樣」多一些，也許不會一時半刻反映在考試成績，然而對整體能力的發展絕對是全方位而正面的，活動，能讓大腦也動起來！

高年級，打怪過關向前衝（上）：語文能力準備好了嗎？

「低年級時覺得自己無所不能。

中年級時認清事實。

高年級時習得無助感。」

我曾在一本教育書中看到這一段文字，對一些孩子的學習狀況形容得相當貼切（可惜找不到出處了）。高年級，所有科目都變難，這時要特別注意孩子的學習進度。

最常見的狀況之一是，複習負擔變重，導致顧此失彼，國語成績進步，數學就退步；或英文成績進步了，國語就退步。第二種狀況是功課變多、手忙腳亂、上課聽不懂，慢慢的，科科成績都下滑。

第二種是更應該避免的狀況，陷入學習困境會讓孩子漸漸失去自信，導致學習動機越來越薄弱，有如搖搖欲墜的危樓，就難以達成我們先前提的：12歲以前養成勤學的習慣，後續要學懂國中的學科將變得更困難。

升上高年級，多數人容易出狀況的科目第一名，大概非數學莫屬。我收過好幾位家長來信求助，說孩子升上五年級（或六年級），數學成績從前段排名往下掉，就像棒球選手忘了怎麼投球的「投球失憶症」，孩子彷彿也出現了「數學失憶」問題，寫作業都會寫，但碰到小考就失憶，雖然複習之後「彷彿又能恢復記

憶」，但碰到整合數個單元的大考就不行了，沒看過的題型不會寫，變化的題型也無法下筆，不知該怎麼辦。

數學問題，我們下一篇再來好好討論。而數學之外，國語的學習也並非人人都一帆風順，課內選文的長度更長、結構更複雜、主題更多元，閱讀能力講求進入作者語境、剖析情境因素，進而需要推論能力。

整體來說，如果孩子在升五、升七的階段，功課「變不好」，通常一個很大的原因是難度提高，但是孩子的學習態度與方法仍在原地踏步，沒有前進。

大多數孩子喜歡沿用舊方法學習，懶得想或沒想過能用新方法，而舊方法如果曾帶給自己考得還不錯的成功經驗，就更不愛改變現況了。因此，升上高年級的第一步，我們要「用力」的告訴孩子：你現在是五年級、七年級，要檢視甚至調整一下讀書方法囉！

容易碰到的國語文學習問題

閱讀理解能力是看懂文章的基本，但高年級孩子必須進一步養成推論能力，例如「**比較力**」，他能否掌握並比較文章中的正反觀點？能否歸納文中的各項線索，推論出作者的意旨？這部分可參考我們在第二章的策略讓孩子練習。

學習低成就的小孩，有時不是智能發育的問題，而是閱讀這件事對他來說很「累」，有可能是閱讀所需的生理能力偏弱，例如有追視問題。

每隻眼睛各有 6 條肌肉在控制眼球動作，當 6 條肌肉協調良好，

才能順暢閱讀不至於動輒跳行跳字。有些孩子有可能因為眼球肌肉協調性不佳、有追視問題而不愛閱讀;然而長期缺乏練習的狀態下,追視能力難以提升,閱讀文字的流暢度當然積弱不振。

當然也有可能,原本具有不差的閱讀能力,但長期被聲光效果刺激的 3C 給養刁胃口了,缺乏耐心去看視覺效果平淡的文字,因閱讀長文需要練習才能體會箇中樂趣,太少讀,閱讀流暢力也會漸漸弱化。

人的「認知處理容量」是有限的,當孩子費力才能讀順、讀懂、寫對,已耗費極高的腦容量,只剩很少的容量去理解,此時要維持科科成績好,和別的同學平起平坐,就要犧牲睡眠及運動,這並不恰當。因此,如果發現是閱讀問題,投入課業的時間如往常一樣就好,只須額外多花一點點時間來處理「**讀的自動化,寫的自動化**」,CP 值會很高唷!

此外,有些孩子愛面子,會故意用怪音念書來掩飾跳字跳行、讀錯字的尷尬……這類狀況尤其容易出現在 ADHD 傾向的孩子身上。

除了閱讀力能否跟上高年級應有的發展階段,還要觀察孩子有沒有字音字形的學習困難。在教學實務上,我常看到的情況是,「書寫的困難」比「閱讀的困難」更常見。

如果孩子愛用手機,輸入法多為注音輸入,有些人就乾脆忽略國字要怎麼寫,同音異字、懶得挑字的狀況越來越多(其實大人也會有同樣問題),協助孩子做好手機管理太重要了,在自主學習、自律學習之前,得先有手機自律的能力。

另一個情況是:純粹懶惰怕麻煩。高年級要學的字音字形數量

更多，但光只是寫字認字，的確是比較枯燥的過程。可以在家中設計一些獎勵機制，透過閱讀有趣的書籍來學字，或是想一些字音字形的遊戲比賽，激勵孩子多認字多進步。當然最重要的一點，讓孩子知道學會字音字形的重要性，對他有什麼好處？這樣孩子才能克服無聊，樂意學習，甚至於有成就感。

閱讀能力達標、字音字形按部就班學習，此外還有一個重點可以施力：**提高詞彙量**。先利用課內的語詞，直接讓孩子造句。因為是課內學過的，每一個語詞應該都要能造句，或者以口語清楚說出意思是什麼。

有餘力，就盡可能多學課外補充的成語。這部分各學校的教學方式不盡相同，有些老師的安排是提供文章讓孩子自學，有的是快速帶過。但是懂成語，一定需要跟著造句嗎？這部分就慢慢來，不必太擔心孩子的能力，我們要做的，就是多提供機會讓孩子熟悉並應用，逐漸學會就好。

不需要科科 95、100！聰明的策略性選擇

為了避免孩子上了高年級難以適應各科課業的「全面性壓力」，建議投入的力氣、時間還是要有所抉擇，循序漸進。除非孩子能力到位，單單缺乏學習動機，那麼重點就放在幫孩子啟發動機，那麼每一科都進步是很有可能的。一般狀況下，可以這樣策略性思考：

① 科科都兼顧，但設定合理（孩子能力所及，甚至稍低）的分數。
② 科科都兼顧，但是設定某些大題一定要拿分，某些大題先輕鬆看待吧！例如，有讀寫困難的孩子，要先放過：改錯、造句、

照樣寫短語，把握基本的國字、注音、選擇題、連連看。數學則是把握計算題，應用題可以設定先拿幾題的分數。

③ 盡量讓優勢科目拿到耀眼的分數。例如孩子的自然科比較好，平均都有 80 分以上，那麼就集中火力來念自然科，先求穩定考到 90 分以上；如果本來就有 90 分，那麼好好的努力，練習更細心，衝衝看拿到全班前幾高分，絕對能幫孩子的自信大大加分。

或許有家長問，這麼重視分數好嗎？其實我們重視的是課業表現與自信的連動，如果有其他能替代分數的成就感來源當然非常好，絕不是學業成績至上。

小學階段孩子的教育決定權，絕大部分仍在父母身上，帶著孩子做策略性的選擇，更有效率的拿到「能力內應該可以拿到的分數」，大原則是協助孩子建立亮點，特別是在高年級階段，即將進入青春期，建立自我價值感，找到自我肯定的能量是最重要的！

有一句廣告台詞說：「小孩子才做選擇，我全都要。」
對於孩子的學習，我們要改成：
「為了孩子必須選擇，不能全都要。」

雅麗老師的小提醒

升高年級——把握思考力開始明顯分化的年段！

　　108 課綱關於高年級國語文的學習目標，和中年級有些差異，我們來看看有哪些「首度出現」的重點（以下都是中年級課綱中尚未出現的）：

❶ 聆聽能力：識讀新聞、結合科技與資訊。

❷ 說的能力：把握說話的主題、細節之外還要有結構邏輯。

❸ 閱讀能力：分辨主觀與客觀、認識議論文、結合相關知識和經驗，提出自己的觀點。自我提問與推論，推論出隱含的因果關係與觀點。（但有孩子連明顯的因果和觀點都還不熟悉）。運用圖書館與科技。

❹ 寫作能力：除了原本就有需要懂得正確使用標點符號、培養思考力和聯想力，還須寫出段落分明、符合主題的作品。能寫議論文、練習各種寫作技巧。

❺ 其他：大約有 4500 個常用語詞能認識並讀出；3700 個常用語詞能正確使用。能讀少年小說、看兒童劇、欣賞古典詩文與國內外重要作品等等。

　　最簡單的做法，就是把握寒暑假期間做一點點不一樣的嘗試：

❶ 帶孩子去圖書館，學會如何用電腦或手機查資料。

❷ 媒體識讀的能力要從日常生活中培養，多和孩子討論新聞，請孩子聽完新聞或演講，說出全文的幾大重

點、出現的因果關係、某事件的前中後，能初步訓練孩子的「結構邏輯」。

❸ 高年級的閱讀測驗中就有「議論文」，特別挑一些給孩子做。讀完，可以問孩子，同意不同意。同意的原因？不同意的原因？孩子再補充任何想說的。

❹ 要讓孩子練習寫作文、童詩，注意段落切分與寫作技巧，平時可買幾份《國語日報》，多讀高年級的部分，不只是看內容，而是要去觀摩如何分段。或者也可參考雅麗老師《幫助每個孩子學習：實戰篇》關於作文與修辭的篇章。

高年級，打怪過關向前衝（下）：
數學不害怕，爸媽頭頂不冒煙

　　升高年級，數學變難了，要怎麼學可以學得更好？要教孩子數學，爸媽們多少要有一定的數學能力，可是父母的困境在於，一邊示範一邊講解，講到頭頂都冒煙了，但要說到孩子都懂，很難！孩子常喊聽不懂啦、跟學校老師教的不一樣啦……

　　首先，我們要知道，真正學懂數學，就沒有失憶問題；有失憶問題，就是沒有學懂數學。如果小單元內的作業可以應付，有一個可能性是孩子常在「背數學」，而且背的方式是找簡單的關聯來套用。

　　例如：在除法單元，看到題目直接就「拿大數除以小數」，根本不細看題目，也不聽老師講什麼，反正就「大÷小＝答案」。中年級碰到的題型多數還很單純，這種「瞎抓浮木法」不難拿到分數，而孩子被這種暫時性的「正增強」給誤導，以為這種做法都沒問題，然而到了高年級就行不通了！該怎麼幫忙他們呢？

　　當頭棒喝、直接說破。 直接向孩子說，「真正學懂數學」雖然比較辛苦，但是付出一次，終身受益！每次亂找關聯性去背數學，當下好輕鬆，但是又忘又背又忘，不斷循環反而更費力，而且無法掌握成績，有時好，但大多時候會很慘，豈不是更划不來？

　　追溯相關的中低年級概念，用以前學的概念當例子。 例如乘法的前身是加法，乘法學不好的孩子，有可能加法也不好；而除

法的前身是乘法。學習要記得要先上開胃菜（先備知識、暖身運動），再上主菜（本單元所學）。我們先用一個題目舉例。

問題：小豆豆 8 天之內長高 5 公分，平均一天長高多少？

 # 先複習乘法：另外舉例，如果「每天有零錢 6 元，7 天共得多少元？」

6（每天的元）×7（天或份）=42（總數的元）……被乘數和積的單位會相同。

驗算：42÷7=6……向孩子說明 42 元被分成 7 份（天），每一份（天）6 元。

驗算：42÷6=7……向孩子說明 42 元，每 6 元當作一份，可以分成 7 份。

 # 再進入除法：回到原題目。5 公分是被分的總數，8 天是 8 份，所以：

5（總數的公分）÷8（份或天）=5/8（每天的公分）

將一個單元分成幾個概念（通常是 5 個左右），用概念學，不要用題目來學。用概念只要學 5 個，用題目來學要學幾十個，心理負荷重。在每個概念中，有系統的進行第一步、第二步、第三步，教孩子不要隨隨便便呼攏過去，就算會算，也不要一氣呵成跳過某些步驟。數學能力好、底子好的孩子可以一氣呵成的教他快速算法，但一旦有不確定或出現粗心犯錯等狀況，還是要一步步來，避免錯誤發生在不該發生的地方。

高年級常碰到的數學關卡

依理論，7～11 歲是「具體」運思期；11 歲以後（大約六年級）

是「形式」運思期，也就是抽象思考。然而，在實際上，很多孩子到了六年級，也不見得發展到抽象思考的能力階段。因此，所有孩子，甚至於包括國高中生，當學習卡關，碰到不懂的內容，我們可退回到以具體的方法舉例。我們先幫升上高年級的孩子做一下「數學健檢」、做好準備；接著，再依次學會後面幾項容易卡關的數學概念。

一、抽背九九乘法，是否滾瓜爛熟？

九九乘法是中年級甚至低年級就要背熟的。有些孩子即便到了中高年級，雖然會背，但如果從中間跳著抽問，他就常會卡住，例如問：6×8=48，他得從「六一　六，六二　十二……」從頭一一念起，速度跟不上，要應付多步驟的數學題目當然有困難。我有位四年級的學生，一開始數學期中考只有 70 幾分，在調整學習方法後，期末考提升到大約 90 分，但之後成績卻也沒有再進一步，我發現他無法抽背九九乘法，於是又花了一些時間訓練他抽背的熟練度，光是改善這個環節，分數又往上多了好幾分。

★方法：**倒背法**。一天克服一組，9 天完成！從最後的 9×9= 81 9×8= 72 ……9×1= 9 倒回來往前背。小四升小五的孩子，用倒背法練習一下，考抽背幾乎都能應付自如。

二、中年級的數學漏洞，有技巧的補足

數學有連貫性，中年級學到面積，就有孩子把長度與面積混淆；等高年級學到體積，孩子又混淆了面積、體積。長度（一維）、面積（二維）、體積（三維），可以算是同一個大概念的延伸，因此，預習高年級課程時，別忘了回顧中年級的內容。

★方法：課業較落後的孩子，更愛面子，如果需要讓高年級孩

子複習中年級的教材，建議不要太直接，我甚至只會影印教材中的某一頁，避免出現「三年級、四年級」的字樣。

三、加減互逆、乘除互逆

中年級已經發展「可逆思考」，高年級時會更成熟。例如：原價 100 元，打八折是 80 元（順向）。那麼，付了 80 元，知道是打八折，逆回去想，要知道原價：80 除以 0.8 等於 100 元（逆向）。不過，不少孩子，「逆不回去」。

★方法：**多練習逆向思考**，不限於數學，例如：給結果，問孩子原因。再來，直接跟孩子明說：「加減互相可逆；乘除互相可逆」。最後，從結構著手，先示範題型，認出這是**逆向題**，後面放手讓孩子辨認題型、寫題目。

四、一樣也要動手操作

就算是高年級，尤其是動覺學習傾向的孩子，動手做做看是最好的學習。

★方法：買磅秤量重量、用養樂多的空瓶量容量、拿紙質的軟捲尺量長度、多用生活例子算面積、體積。

五、熟悉單位換算與複合單位

「爸爸開車每小時開 70 公里。速率是：70 公里／小時」這就是複合單位。

★方法：告知孩子複合的單位包括了哪些東西？例如「速率」包括了時間和距離。讓孩子直接辨識，並且心裡有數。

六、圓的各部分和計算

「圓」一出現，孩子就覺得不容易。那就在家先動手做做看！

★**方法**：拿正圓形物體來當模子，畫在有顏色的紙上，一次剪幾十個圓。接著可以這麼做：

① 對摺，找到直徑。再對摺，會產生半徑和圓心。還可以摺成各種扇形。

② 用螢光筆畫出圓的直徑、半徑、圓心、圓弧、扇形。

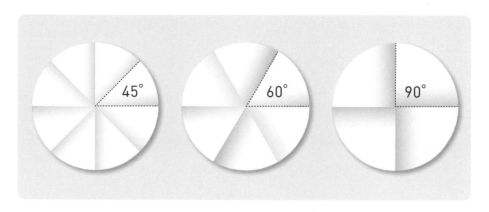

七、多留心較抽象的觀念：因數、倍數

因數就是「分東西」（除法概念）；倍數就是一倍、二倍……（乘法概念）。對孩子，當然是除法比較難，因此平常多讓孩子動手分東西，從生活中開始習慣。

八、比與比值（以分數表示）

很多孩子，碰到這單元會產生困難。

★**方法**：直接操作，再搭配解釋。

① 比：在家讓孩子調糖水，例如 1：10，就用同比例讓孩子自己調，「一杯糖加入 10 杯水」；再另外用「半杯糖加入 5 杯水」。二者分量不同，但調配比例最後是相同的，喝喝看也是一樣甜。

② 比值（分數）：很多孩子沒在認真看誰先誰後，關鍵重點是

「**找主詞**」。要孩子看到「誰是誰的」幾倍或幾分之幾，要看清楚、想明白！通常要把出現在「**的**」這個字前面的<u>主詞</u>當成基準，小明體重是小美「**的**」兩倍，小美就是基準。

例如：一桶水 3 公升，倒掉 $\frac{1}{3}$，再取出剩下的 $\frac{1}{2}$。

要看清楚，倒掉 $\frac{1}{3}$，$\frac{1}{3}$ 數字之後並沒有單位，絕不能當成「$\frac{1}{3}$ 公升」。這裡的 $\frac{1}{3}$ 是一桶水 3 公升的 $\frac{1}{3}$。經過計算，**剩下的就是 2 公升**，再取出 2 公升的 $\frac{1}{2}$，**而不是 3 公升的 $\frac{1}{2}$**！學這個單元，仰賴閱讀的細心度。

★小提醒：

① 仔細看數字後面有沒有單位。以這個例子，3 公升才有單位（公升）。$\frac{1}{3}$、$\frac{1}{2}$ 都沒有單位。

② 「找主詞」很重要！$\frac{1}{3}$ 的主詞是 3 公升。$\frac{1}{2}$ 的主詞是「**剩下的**」，經過計算，剩下的是 2 公升。2 公升的 $\frac{1}{2}$ 是 1 公升。

以上，是高年級的數學容易卡關的部分及對應方法，別忘了要提醒孩子：練習會讓你變超厲害！很多孩子喜歡「聽」數學，從現在開始要變成「算」數學。有一個小技巧：要熟悉一個題型的時候，我會習慣將一張空白 A4 紙摺成 6 份，也就是一個大題型讓學生都習慣算 6 題。

最後，要提醒爸媽們，學數學雖然很有趣，但也很燒腦，要適時給孩子鼓勵，不要一次要求太多，多給他們空白時間鬆口氣、自己沉澱思考！

雅麗老師的小提醒

高年級的應用題變難？試試看「目的地解題法」

　　閱讀與運動絕對是人生中的兩大追求，培養孩子的閱讀習慣要即刻行動，但如果回歸到學數學這件事，只靠閱讀是不夠的！到了高年級以上，應用題的難度明顯提升（上了國中，題幹敘述變長、字數更是驚人），很多父母發現孩子看不懂數學題目，共同的浪漫又天長地久的解決方式是：叫孩子多閱讀。然而要一個原本不愛看書的孩子閱讀，就像要一個不運動的成人運動一樣，近在眼前的口號，卻是遠在天邊的彼岸──遠水救不了近火啊！

　　讀懂題目的前提是做到 4 件事：

❶ 要孩子開口念題目（相信我，效果絕對大於想像）。

❷ 懂得使用「目的地解題法」，有架構式的讀懂題目，把文字寫成算式。

❸ 當下這個單元概念要懂。

❹ 之前學過的連帶概念要懂。

　　針對數學題目的審題與判讀，「目的地解題法」是積極有效的思考方法，也就是讀完數學的應用題之後必須要知道：

❶ 題目到底要什麼答案（**目的地**）。

❷ 題目提供了哪些條件，尤其是有數字的條件（**形成路徑的線索**）。

❸ 將題目的每一句話，都能轉換成式子（達到目的地的路徑）。每一句話都要用到或至少納入條件，不可遺漏。

很多時候看不懂應用題，其實是概念不懂，所以題目的文字才會讀也讀不懂啊！因此，永遠不要忘了檢測孩子本單元的概念懂了嗎？例如：南一版數學六下（或翰林六上）的縮圖與比例尺，單元必懂這些概念：

❶ 實際長度 × 比例尺 =（縮圖長度）

❷ 縮圖長度 ÷ 實際長度 =（比例尺）

❸ 縮圖長度 ÷ 比例尺 =（實際長度）

❹ 比例尺一定要用（長度）來轉換，絕不是面積！（長度、面積、立體，分別是一維、二維、三維，也是我非常強調的）

❺ 比例尺要轉換成公分（部分老師會規定）

❻ 比轉換成比值的寫法（$1:10000 = \dfrac{1}{10000}$）

★ 實際以題目舉例：「有一張地圖的比例尺是 1：50000，而甲乙兩地的實際距離是 42.5 公里，在這張地圖上的距離會是多少公分？」

目的地（就是最後答案）：地圖上的距離。

所以用上述概念 1，實際長度 × 比例尺 =（縮圖長度）。

題目的線索是實際長度 42.5 公里，先用概念 5 來轉成公分。

42.5 公里 =4250000 公分。

利用概念 6，將 1：50000 要改寫成 $\dfrac{1}{50000}$。

所以只要 $4250000 \times \dfrac{1}{50000}$ =85 公分。成功解題。

★ 縮圖與比例尺的延伸，進入進階題：「從台北到花蓮坐飛機需 25 分鐘，在比例尺 50 萬分之 1 的縮圖上，台北與花蓮的距離是 25 公分，求此飛機的時速？」

有些孩子看不懂速度的概念，所以要先複習「速度 × 時間 = 距離」。然後用（　）×（　）=（　），讓孩子填入。

這題問速度，就必須將（時間）、（距離）先挑出來準備好，最後來算（速度）。時間，將 25 分鐘換算成（ $\dfrac{5}{12}$ 小時）。距離則要運用單元概念，將縮圖長度／比例尺 =（實際距離），$25 \div \dfrac{1}{500000}$ =12500000 公分，又等於 125 公里。

（速度）×（時間）= 距離，所以（　）× $\dfrac{5}{12}$ =125。
$125 \div \dfrac{5}{12}$ =300。
答案：時速 300 公里。

升國中的迷你新生訓練：
國文篇

　　很多小朋友在升上國中的暑假，會優先去補習數學或自然，一開始就補國文的比例相對少，但我很常在第一次段考後、或在第一個學期結束後收到家長求助：「孩子說國中的國文考題好難，成績怎麼越來越慘烈？」其實國文成績不好，不是孩子的錯也不是國文的錯，只是從小學到國中，學習習慣還沒轉換過來而已。

　　國文科重要嗎？這是一個大哉問。我認為，國文能力不但承載了各種學科的閱讀基礎，面對未來的生活，語文好的人通常思考力也會好，絕對不是不重要的學科。

　　我們可以從「心態預備─獲得實質成就感─強化能力」幾個面向著手，要考到心目中理想的成績，是可以透過方法達到的。孩子和 90 分的距離其實沒那麼遠，一起來試試看吧！

給孩子學習國文的地圖和方向感

　　每當有學生要升上國中，我就會幫他們做個「國文新生訓練」，來一點不一樣的開始，目的是讓孩子自己觀察、自己發現一件很重要的事：**國中國文的學習方法。**

　　我特地買了不同版本出版社的正版考卷。一般學校會使用校用測驗卷（俗稱「黃卷」），品質穩定、難度足夠，當作是段考的複習前哨戰，不過，我買的考卷並不是為了給學生練習，因為他

們要應付的科目太多。學習國文要從日常累積起，平時寫課內自修或評量（例如補充翰林出版社《語文大哥大》的國學常識）、文言文的閱讀測驗等等，基本上都能增強能力，要考 80 ～ 90 分不會太困難。那麼，為什麼買了測驗卷卻不給學生寫？我的目的是拿來做一次「國文的新生訓練」。

一上課，我先恭喜孩子兩件事：

首先，長大了，沒有兒童節了。（多數學生都認為自己還是兒童呢！）其次，國文課本不會列出生字，以後不必寫生字甲乙本、語詞本等作業了。

接著，直接給學生看我買的測驗卷，並請他先觀察有哪些大題。

一、國字注音

二、注釋

三、改錯

四、選擇題

五、閱讀測驗

接下來我會拿出自修，和考卷一起對照。以下是我和學生上課中的對話：

生（馬上問）：咦，剛剛不是說國中沒有生字，我怎麼知道第一大題的國字注音要怎麼準備？

師（打開自修，指出）：注音精華、國字正體，課本沒有列出重要的國字注音，但自修這裡有！

生：所以，準備考試要看自修？（孩子一點就通！）

師：答對了！再看看，國中考卷有什麼地方和小學的考卷不同？

生：有注釋？什麼是注釋？（第二次發現）

師（指出自修「注釋」的地方）：注釋，課本也有會，考前要背。有些老師，只要你寫出來的意思對，就給分；有些嚴格的老師會要求一字不漏，每個字都一樣才會給分。所以，要看老師的規定……

師：再看一下，改錯和小學有何不同。

生：兩題就要改 10 個字，等於一題要改 5 個字，好難喲！小學一題才改 1 或 2 個字。這要怎麼辦？（發現第三個重點）

師（指出字形辨正）：課本不會整理，自修有「字形辨正」（也就是形近字）。再來看選擇題，題數幾題？

生：20 題！比小學的題數多耶！

師（指出選擇題）：自修的選擇題，每一科的每一課都是 40 題左右，考前要練習寫題目，寫了 40 題再去考學校的 20 題。再看看，閱讀測驗在哪裡？

生：自修這裡有閱讀測驗！

師：所以，準備國文小考，除了看了課本，一定要讀什麼？

學生：一定要讀自修！（第四次確認）

師：對，很多學生到了第一次段考才知道、甚至過了一學期才知道的事，你暑假就知道了！真厲害。

　　這個小小的新生訓練，只要 30 分鐘，但是這半小時我希望給孩子學習國文的地圖與方向感。當然國文的教學和考試不只這些，但先知道考卷五大題及如何學習，如果能做到就很值得讚許了，若要再加深加廣，就看每一個人接受度、學校考試難度而定。

　　不少人到了國中第一次段考之後，看到成績單，才驚覺自己不

是兒童，是國中生了！國語文教學領域的專家許育健教授曾說：「不同科目的閱讀方法不一樣，每一科老師都要在孩子學習前告知閱讀方法。」這一點我完全認同，升上國中的暑假，不妨花半個小時，幫孩子或讓他自己做一次國文（甚至是其他科）的新生訓練吧！

怎麼創造學習國文的成就感？

每當碰到家長來求助，我都會先觀察，想要「加強國文」是爸媽的意思，還是孩子表達出來的意願？孩子的分數低迷，我們想拉一把，一味責備是沒有用的，最根本的方法還是要自己提升對分數的自覺，以及養出學習動機。要怎麼讓孩子自己開口說：「我可以學得很好、我可以考得更好？」

攻心為上：首先，要相信，**國文是一個可以靠自修變強的科目！**這麼說並不代表不需要老師引導，而是學習國文有方法，老師給予的是方針和策略，但即使是文科，也不是死背的科目，相對數理而言，國文只要一點點理解，就可以更不費力的學通。

給予成就感：別說學生，任何沒有成就感的事，所有人都做不久，所以我們必須「刻意」協助孩子，自己幫自己得到國文成就感。有些孩子從背唐詩、論語得到成就感；有些孩子以字寫得很美、會寫筆記為成就感；有的孩子是成語小達人而獲得肯定。108課綱首重閱讀理解與閱讀素養，國中生要提高成就感，可以優先從這一點著手。我們在第二章有不少關於提升閱讀理解力和推論力的討論，而在準備應考方面，除了讀自修，還可以透過這些方式得到成就感：

以「懂得很多典故及故事」為成就感。例如：翻一翻《世說新語》，這是老師們偏好的素材，可以從白話文版本看起，之後考題碰到文言文也很有幫助。

以「閱讀理解題型的分數變高」為成就感。我們先設立這個小目標，其他題型一開始就算不熟，寫錯了也先別緊張。

更具體的做法是：打開自修或其他參考書，將閱讀理解的題目勾出來，例如這類題目有 20 題，答對了 16 題，$\frac{16}{20}$=80%，仍值得鼓勵！

對症下藥，自己拉高「國文天花板」

我有一位數學程度很好、就讀私校的國七學生，讓我訝異的是，升國八的暑假，他想要去補國文了。當時我不曾輔導過他的國文，但我知道他的各科成績在班上都是數一數二的排名。出於好奇，我問了他的國文成績，他告訴我平均 70 幾分，而且，全班最高分通常就是 70 幾分，所以他始終不覺得有問題或需要加強，直到要升國八，才想到或許該「搶救一下」。於是我又看了他買的自修和補充教材，原因就很清楚了！他學習國文的幾個問題點，也是很多孩子的通病，我們一起來做個國文健檢：

狀況一：習慣低分。

他的國文「分數天花板」，就是全班最高 70 幾分，參考值當然就是如此，容易以為這是理所當然的成績，誤以為再努力也很難突破。

★ 解決方法：

直接重新訂目標。這位學生寫自修題目的答對率大約是 80%段

考最多只能達到 70 幾分，就不足為奇。因此，我幫他訂了一個有挑戰性的目標：要自訂答對率 95%，段考才可能 90 分以上。自修每一課的練習題目是 40 幾題，一題假設 2 分，寫完後記得幫自己打分數。跟這個學生討論後，他的自修練習目標改訂 95 分，這算是高標，因每個孩子基礎不同，目標分數可以彈性調整，重點是他要先相信自己「有可能」做到。

狀況二：自修只寫題目，完全不念。

我問他為什麼不讀課本呢？他回答：「我有看老師叫我們寫的筆記，課本寫滿滿的。」以為只看補充重點就能通盤吸收，這是非常典型、一堆孩子都會發生的問題。

★ 解決方法：

① 看老師的補充之餘，仍要讀自修。老師上課會補充重點，但為防掛一漏萬，況且上課時能抄寫的重點礙於時間仍有侷限，自修內容可以補強，準備考試要兩種補充都讀，才能完整、不漏。

② 當場勾選自修必讀的大題（詳見《幫助每個孩子學習：實戰篇》），一定要讀完某些單元，才能開始寫題目，不要抓了書就埋頭苦寫。

狀況三：補充教材，孩子只寫了第一頁，其餘一片空白。

★ 解決方法：

輔助教材（例如《語文大哥大》等課外補充讀物）有時的確需要有人引導如何使用，但根本問題還是在於願不願意寫。我對他說：「孩子，參考書買回家，當擺飾是不會進步的。一定要好好使用它、蹂躪它，成績才會進步。」

國文課本的文言文比例跟以前的年代相比變低了，這代表被訓

練讀懂文言文的機會、時間變少了，但是文言文的考題就算比例也跟著降低，考出來就是有其本質上的難度，對於不懂文言文的學生甚至有如天書。因此，不論學校老師教多少，我們別被文言文比例變少這顆糖給迷惑，相反的，學校教少，要自學更多！

其實，每個孩子都有可能是「國文璞玉」呢！許多孩子在小學時，會有國小導師保姆似的教學、安親班老師照顧細節的複習，時時有人耳提面命；升上國中，大人們忽然告訴孩子要自主、要長大、要自動讀書，如果沒有方向、少了方法，孩子還以為等著、等著就會有人告訴他要做什麼。

在我觀察，一般學生的國文段考成績會隨著年級而遞減，最大宗的原因是：只有大概讀一下，也許有做題目、有聽課，但更多人都沒有扎實的認真讀進心裡。但是**大人眼中的不認真，未必是孩子懶惰**，更大一部分是讀課本或自修的方法不正確，就有如街上拿的傳單，印了滿滿，但以為瞄個兩眼就行。

爸媽們不妨也花個 30 分鐘，照上面的方式跟孩子聊聊，看一下課本、自修，了解筆記及答題情況，或許就可以找到孩子低分的原因。最重要的是，肯定孩子努力的過程。當孩子投入學習，不論成績好壞，先肯定孩子開始讀書的行動，孩子心中暖暖的，對於國文的學習自然會產生正向的連結。

國文的搶分法

❶ 文言文：千萬一定要自己額外練習，不可以單單只靠課文。七上、七下的文言文大約各有兩課，某版本甚至只有一課，但是段考文言文的題目比例往往占三、四成（即使是白話文的考題，但是選擇題 ABCD 選項卻也可能出現文言文）。不妨買一本文言文的閱讀測驗來練習，而且最好是包含《論語》的閱讀測驗（國中三年只出現一課《論語》，但是老師們很愛考）。

❷ 成語一定要讀。不用另外買，只要看評量和自修所列出的所有成語就很足夠。

❸ 課外閱讀測驗，一定要完全理解。這是練習重點中的重點！

升國中的迷你新生訓練：數學篇

　　國小畢業後的暑假，是當兒童的最後一段時光，雅麗老師認為睡眠、遊樂、運動、讀喜歡讀的書、和家人一起出去玩，參觀各種展覽及博物館……可以做的事很多，然而，不少家長詢問：「要升七年級了，數學會難上加難吧？要不要提前補習？還是老師可否介紹自己提前練習的教材？」看得出來，對於升國七這件事，大家有濃濃的焦慮感。

　　其實，不見得要多買銜接的學習教材，如家中仍有高年級的數學課本，先不要丟，只要跟著國中的學校版本，先買七年級的自修輔助學習即可。國中數學自修和課本的比較、優點，先讓我賣個關子稍後再說。我們先用下列這些清單，幫孩子檢視一下，有沒有學好、學通？和學國文一樣，就在暑假來做個「迷你新生訓練」吧！

即使到了國中，孩子不會的時候還是可「具體操作」：
畫數線、畫圖，是 2D 經驗（平面）；
以實際物、動手做做看是 3D 經驗（立體）。

升國中的數學健康檢查

☐ 九九乘法能「抽背」如流嗎？

☐ 整數的四則運算

☐ 周長、面積絕不會搞混嗎？

☐ 小數的加法，確實做到小數點要對齊？小數的直式乘法，數字要向右對齊？

☐ 小數的除法

☐ 分數的加減須要通分、分數的乘法不用通分

☐ 分數除法的計算是分數的乘法「再多一步」

☐ 分數的四則運算

☐ 時間的計算，以及時、分、秒的換算是否熟練？

☐ 各種圖形的面積公式，有的要除以 2，有些不用，都能分清嗎？

☐ 多邊形的內角總和

☐ 比率與百分率（非常重要）

☐ 速率會了嗎？（國九理化也會用到！）

☐ 時速、分速、秒速的換算（複合單位的換算）

☐ 圓周長、圓面積

☐ 因數、倍數、公因數、公倍數

☐ 比、比值、正比

☐ 等量公理會了嗎？（上了國中要學移項）

☐ 體積和表面積

☐ 縮圖和比例尺

☐ 長度的換算（一度空間）、面積的換算（二度空間）、體積的換算（三度空間）

上表的內容，都是數學四到六年級學過的概念，但是到了國中，學生卻很容易卡關。七年級數學沒學好，有時可能要追溯到小學中年級的學習是否扎實。有一個教育專有名詞——「起點行為」，是指學生在學習之前已具備的知識和技能，也是一項「學前檢查」，是不可或缺的重要步驟。這個步驟的缺漏，是造成學不好的因素之一。不管孩子幾年級，不論是哪一科，都應該分析孩子的「起點行為」（以我的教學經驗，甚至還發生過追溯到小學一年級）。

有些孩子對於新環境、新學習方式的適應力比較弱；或有些學生升上國中，想要「重新和數學做朋友」，讓數學也忠於自己——「**數學，會就是會！**」那麼，在漫漫暑假中安排一些時段來預習數學也很好。以上的清單，如果某一些概念模糊不清，仍有點疑惑，請趕快補上！

學數學，讓自修的效益最大化！

升國七的暑假要不要補習，看個別需要，沒有一定的答案，但先準備好一本正版自修，翻一下學習目標，了解國中數學單元內容和小學的差異，例如先大略認識負數、絕對值、科學記號是什麼，這些都是小學沒學過的內容，可先預習。

數學老師的教授方式通常是先演算例題給孩子看，再輔以習作練習題，因為學科特性的關係，相較其他科老師常提供紙本的重點補充，數學如果有重點提醒，常是一邊講解、一邊口頭整理、順便提示，較少以表格或條列呈現。

這時候，自修就能派上用場了。很多人把自修當成題本，以為就只是寫寫題目。其實，除了寫題目，我們更需要運用自修的部分是

整課的重點整理、習作及課本解答、配合課本的例題及完整算式。

　　說實話，如果把一本數學自修放在眼前，除非隔天就要考試，或者天生喜愛數學，否則會興致勃勃主動做題目的孩子，確實是稀有動物。但孩子不愛用數學自修，可能是因為不知道怎麼使用才能達到最大效益。小孩們更害怕的是：「天哪！裡面題目這麼多，難不成爸媽會全部要求我寫完？」

　　有一回我在書局看到「觸目驚心」的一幕，一個高年級的學生才拿起自修，爸爸說：「如果買了，你一定要全部寫完喔，不能寫完就不要買！」我看到孩子滿臉驚恐為難，好像要點頭又好像沒點頭。

　　要引導孩子正確使用參考書，首先就是破除「所有題目一定要全寫完」的嚇人迷思，而是得先讓孩子體會到進步的成就感，嘗到甜頭，他有可能就主動想使用了，而且，記得，不必把全部題目都寫完。

　　所有的學習確實都是從看課本開始，因為課本是在對學生說話，更容易「聽得懂」。自修則是被系統化整理的重點集合，往往被切分成一個個重點，敘述不如課本連貫。然而，自修的特色是條列分明，對於不懂得抓重點的學生，很有幫助。例如，我們來比較一下課本和自修的呈現差異：

七年級（下）翰林版單元 5-1

★課本寫法：用數字標明三大重點。（可翻課本對照）

1. 生活中的圖表：幾段文字說明與舉例。

2. 列聯表：幾段文字說明，加上步驟 1、2、3⋯⋯

3. 次數分配與直方圖：幾段文字說明，步驟1、2。再加幾段文字說明。

(1) 製作次數分配直方圖步驟 1、2。

(2) 製作次數分配折線圖：步驟 1、2、3、4。

★自修：配合課本，一樣是三大重點。每一重點內再細分重點。

1. 生活中的圖表

    (1) 常見的統計圖：折線圖、長條圖、圓形圖。

    (2) 雖然統計能清楚呈現統計數據，但統計圖更加一目了然。

    (3) 圓形圖的繪製。

    (4) 折線圖的製作方法。

2. 列聯表

    (1) 列聯表的意義。

    (2) 列聯表的製作方法：步驟 1、2、3。

3. 次數分配與直方圖

    (1) 資料的整理。

    (2) 次數分配表的製作方法：步驟 1、2。

    (3) 製作次數分配直方圖的方法：步驟 1、2。

    (4) 製作次數分配折線圖：步驟 1、2、3、4。

結論是：

① 自修的每一大點，又清楚細分小點，學生可以一步一步學習，不容易迷路。

② 自修將所有的專有名詞，都列於標題。課本中的「次數分配表」這個專有名詞，則藏在課文中，但卻先列出了步驟 1、2。如果孩子不夠細心，會漏看專有名詞，也不知道自己正在做什麼。

③ 自修列出的重點，讓學生們看得到，而非回到課本找重點、再列點 1、 2、 3，更具效率。

④ 有課本和習作的解答。很多學生有時來不及在課堂上訂正好答案，有時一忙忘了，孩子也當沒一回事，算錯就算錯，船過水無痕。但當某一個重點的概念不夠清楚，又不知課本題目的正確答案，此時自修有答案，不必外求。特別是習作解答，請多善用，尤其是國中生，不要一碰到不會的題目就直接抄解答，要先認真看自修詳解的步驟，再試著自己重寫一次。

擁抱數學還是放棄數學？七年級是關鍵期！

有些孩子到了高年級或國中，對數學越來越沒信心，課本題目有學校老師帶著寫，或者是靠著「短期記憶」，現學現寫，還能應付，但習作題目不會寫的機率變高了，有時甚至就乾脆瀟灑的空白一大頁不管了！如果沒有及時伸手拉一把，有一些孩子就在國七開始養成不交作業或拖延交件的壞習慣。久而久之，容易自己「暗示」自己，認為數學就是學不會，更遑論挑戰考卷的變化題。

孩子究竟是不交，還是寫不出來呢？習作畢竟還是屬於基礎題目的範圍，不會的題目，真的解不出來，就翻翻看自修上的解答與算式，先自學，學會後再重新寫習作。如果看了習作解答還是學不會，那麼至少在小考前就能發現問題，趕快找方法補救。

學數學，不只是會算題目而已，要學會每一課的重點（概念），再來練習題目。練習足量，基礎題、課本題、習作題都會算了，再到自修或評量找進階題或挑戰題。

很多數學出狀況的孩子，大多都不是能力的問題，而是學習方法的問題。因此，修正好方法，感受數學進步的喜悅，真的，「數學，會就是會」！

雅麗老師的小提醒

關於主科，你可以做的是……

　　以上我們談了國文和數學這兩大主科的迷你新生訓練，另外再補充幾點小提醒：

✎英文

❶ 文法：要理解之後再記文法。 最簡單、最重要的基本概念：主詞加動詞， 主詞和動詞要互相配合。

❷ 訂或買：通常學校會補充類似《空中英語教室》或《ABC 互動英語雜誌》（或其他都好）等課外教材，如果沒有就自己買。沒時間看英文，就算看中文文章也有收穫，可補充科普、生活、文學、新聞等小常識。

❸ 背課文： 讀熟或挑選幾句來背。

✎數學

❶ 七上第一單元正負數的加減、乘除、四則運算，一定要學會。不只應付國中考試，這輩子全部都用得到！

❷ 要天天練習算一點數學，數學能力絕對是「算來的」，不是聽來的。

❸ 解題時一定要注意， 題目的每一句話都是線索，都用得到！ 讀完了題目的每個字，停下來思考一下，老師究竟要考你什麼本課的哪一個概念？可運用前文提到的「目的地解題法」的思考方式去釐清線索。

一場與眾不同的田徑賽（上）：
起跑前，幫 ADHD 孩子補給能量！

　　想像一個場景：我們努力在跑道上奔跑，有點辛苦，但也有點好玩，PU 跑道防震又平坦，跑起來好順暢，雖然跑到一半有時也會想改路線去別處玩，但整體來說，克服了氣喘吁吁的階段，多少都能贏得成就感，以及享受風馳電掣的奔跑樂趣。可是有ADHD（注意力不足過動症）特質的孩子，他們的學習跑道就沒有那麼平坦了，路上障礙重重，並不是一條康莊大道，跨過了一個障礙物，下一個又來，有人感到挫折、有人會焦躁生氣、有人不知所措，過一天是一天。

　　當然，還是有很多 ADHD 特質的孩子，遇到懂他、理解他的父母和老師，雖然一路上有些跌跌撞撞，但隨著長大，綻放自己的光芒，關關難過關關過，最後也擁有滿意的學經歷或學到厲害的專長。

　　有 ADHD 特質的孩子，有可能是以肢體的過動行為表現，也可能平時並沒有過動行為，課堂上表現安靜，卻無法集中注意力、極為容易分心（屬於 ADD，注意力不足類型）。無論是哪一種，這些孩子在生活或學習上都會碰到諸多不同於他人的困難，但孩子卻難以說出口，結果容易被大人誤解為「不受教」。因此碰到有亞斯、ADHD、妥瑞的孩子，我都會特別關注是否有下列幾種情況。

生活中容易碰到的 6 大困難

一、學習上的困難

課業的學習確實在學生生活中占了很大一部分，特別是閱讀理解、作文、數學這 3 種需要高度專注力的學習，有 ADHD 的孩子很容易遭遇學習挫折[1]。因為他們的學習輸入片斷零散，無法完整吸收，一旦成績表現不如意，也連帶影響自信心。

這幾年，我甚至發現，無法達成書寫自動化、有寫字困難的孩子變多了。

二、專注力問題

和第一點其實是連帶關係，專注力低下會影響學習，導致智力與全班無顯著不同，卻無法充分發揮。

三、動作協調性偏弱

小肌肉的協調性不佳會影響握筆，寫不好，就不愛寫；大肌肉協調性則是反映在運動表現。

不少有 ADHD 的孩子運動能力較弱，有過動傾向的孩子，在教室中常坐不住、給人印象是動來動去，但真要他去操場運動，卻又不見得樂意。

有些孩子的手部肌肉協調性不佳，握筆寫字對他們而言是極為耗費心力的事，當錯字偏多，如果又要他們訂正罰寫，更是有如要孩子的半條命。缺乏書寫自動化的能力，每學一個字就好像重新學一幅畫。孩子的能量就在大大小小的學習關卡中耗損流失，到了該專注的時間點往往已經好疲累，甚至會睡著。（所以 ADHD 孩子每一輪的學習時間不宜太長，中途可安排讓他休息甚

至小睡幾分鐘，之後的學習效果更好。）

四、睡眠障礙

ADHD 的孩子比其他兒童更容易有：打呼、夜間撞頭、尿床、睡到一半醒來等問題。不少大人認為是因為用藥才睡不好，其實即使未用藥，也可能出現睡眠品質問題。睡眠不好，影響精神、專注力，適當安排孩子適合的作息、控制咖啡因的攝取很重要！

以上這些情況，都讓這些孩子的學習之路與其他人的平坦大道有所差異。此外，這種孩子也更容易合併有：對立違抗、亞斯柏格、妥瑞氏症、憂鬱、焦慮等問題，亦即以下第五和第六兩種困難點。

五、人際關係不好

有亞斯特質的孩子，固執不易變通；有 ADHD 特質的孩子易衝動，較難長時間維持在規則之內，多少會影響交友。而有妥瑞氏症的孩子，因為常不由自主發出聲響，或有抽動、眨眼等臉部動作，如果不被同學理解，容易被嘲笑。

六、情緒問題

因為長時間的挫折，孩子沒自信、容忍力變低，一則影響學習表現，二則惡性循環下，孩子更容易以生氣來當作自我防衛的武器。

幫孩子說內心的悄悄話

以上也是我教學時常遇到的狀況。討論這些，不是要打擊家長信心，而是讓大家可以更快檢視孩子是否需要協助，避免負面因素連動成為負面循環，導致狀況變多、變複雜。如果有上

述其中幾項，孩子的學習之路確實會比較辛苦，我們除了給予愛與體諒，更積極的就是要找出方法應對。

我見過太多父母與孩子因為功課、生活常規等問題而關係緊繃，甚至演變成劍拔弩張的氣氛，然而在問題浮現、或者已有衝突發生的時候，不能只急著處理功課或嚴厲要求規矩，首要任務是修復親子關係，甚至修復孩子心中的內傷。

你知道有 ADHD 特質的孩子不說，或說不出來的悄悄話有哪些嗎？

① 大人就是不公平！很奇怪，別人做就可以，為什麼我做就被罵？老師和爸媽好不公平。

★可能原因：有時大人會因無心之舉而引發不公平的感受，有時則真的是孩子難以控制衝動，出錯機會較其他人高。

② 反正同學就是不喜歡我，沒人要和我玩。

★可能原因：ADHD 的孩子對規則敏感度比較低，容易犯規，而且在同學眼中犯規後又賴皮，久而久之，大家就不太喜歡和容易耍賴的人一起玩，而不是不願意和 ADHD 孩子一起玩。

③ 反正學也學不會，何必學，何必寫功課。

★可能原因：孩子因為專注力的問題，在「輸入資料給大腦」的階段就斷斷續續，師長們以為只是缺乏練習，多寫就好，卻沒檢視孩子是否輸入完整、真的學會了嗎？有 ADHD 的孩子較容易合併學習困難，甚至是學習障礙，對於閱讀與書寫，存在著一般教育難以處理的問題點，是否能被師長發現、理解並協助處理呢？

④ 反正還有同學成績比我差，我不是最爛的。表現比我好的同

學，反正我也達不到他那樣，跟我無關。

★**可能原因**：每個孩子都有自尊的需要，心理上總要啟動一些自我保護的想法，讓自己好過一些。

⑤ 不是我笨，而是我沒有努力，所以要繼續不努力，才能證明我不笨。

⑥ 我認為功課不好很丟臉（心理學稱為「非理性的連結」），但我就爛，我也不可能進步了。

孩子這些不說或者自己也沒有意識到的內傷，該如何處理？父母和孩子的關係一旦變緊張，更是怎麼問也問不出所以然，難以解決真正的癥結點。我之前曾接獲不同家長來信求助，有些孩子有亞斯特質，有些有 ADHD 傾向，共同點是孩子大多有上述這些心理狀況。在此，先來聊聊簡單的遊戲引導法，這也是爸媽們最容易做到的居家練習。

在家可以邊玩邊傾聽的遊戲引導法

有一個很簡單的技巧，我曾運用在一位認輔 ADHD 的學生（六年級生）一整年──**玩比大小**。孩子也很喜歡這個遊戲！

我拿出撲克牌和孩子比數字大小，或有時候玩抽象棋，比賽位階高低。輸的人要說一件今天發生的事。每一回可以比個十局，玩著玩著，孩子不知不覺中就說出了好多心中的祕密或心事。

這個遊戲可以天天玩或常常玩，玩到孩子不太想玩的時候，媒材可以做更換，例如撲克牌、象棋都玩過了，可以改成擲骰子、射飛鏢，或任何可以比大小的東西。

聽孩子說了之後，該如何處理呢？其實不需要刻意處理。在心

理諮商的理論當中，傾訴本身就具有療效！以父母角色而言，只要做到傾聽、陪伴，就很足夠了。

遊戲治療一點都不複雜，目的是透過媒材，讓孩子願意表達心裡話，如有需要再請專家進一步處理或提供諮詢。父母要做的，就是讓孩子能安心傾訴，達到情緒紓解的效果，同時也修復親子關係。當孩子已經很焦慮，先處理焦慮、處理情緒，再給予積極正向的陪伴，例如不帶批判性的聊天、聆聽。先把「心」處理好了，情緒不再內耗，我們就能討論如何以方法介入，帶領他們學會更容易上手的讀書方法。

以我的經驗而言，不論是否具有 ADHD 特質，建立自信最直接有效的方式就是：成績治百病！很多大人聽到成績、分數這些關鍵字就很抗拒，但國中小階段，成績通常能決定孩子在班上的「江湖地位」（當然並不是絕對，例如體育好、美術強，或擁有人際魅力的孩子也很受歡迎）。成績不一定萬能，但對形象或多或少會有影響！

我有幾位學生，一部分就醫後被診斷有 ADHD 或亞斯柏格症，一部分具有傾向但沒有確診。要輔導這些孩子之前，我不多說，都直接建議家長，我們和孩子先針對一件事做到好：一起努力讓成績進步，或找到自己的亮點。只要其中一點做到了，孩子被班上同學刮目相看，問題行為多半也就一一解決。

有些家長聽到後一臉疑惑，「我家孩子怎麼可能會進步、哪來的亮點？」相信我，以我的教學經驗，每個孩子都有進步的潛力，也一定都有亮點。不一定是學科分數突然力壓群雄，但孩子一定

有他能做得很好的事情。只要我們有意識、有方向、有方法的努力，他是能被打磨、雕琢、拋光的一塊美玉！

1——早在 2006 年，Mayes 就指出有 71% 的 ADHD 兒童會有學習障礙／學習困難；而另一位學者 Carroll 的研究則指出有 25 ～ 40% 的 ADHD 兒童至少會伴隨一種學習障礙。而這類孩子發生學習困難的環節，主要出現在作文、閱讀理解、數學計算。

一場與眾不同的田徑賽（下）：給 ADHD 孩子的學習建議

　　回想二十幾年前，我到臺北市西松國小擔任六年級的社會老師，當時我還沒有拿到正式教師資格，但已有兒童美語教學經驗。當時教 7 個班級，共約 200 多人，但 ADHD 學生只有一人（也許不只一位，但是並沒有明顯特質，至少我沒有發現）。到了今日，情況卻相當不同！以我聽到、或自己實際去國小代課的經驗，一個班級平均 28 人，碰到有 ADHD、亞斯伯格、讀寫困難的孩子，每一班大約就有 2 ～ 4 人。甚至於，我還碰過同一班有 6、7 個孩子有上述特質，相當於一個班級的四分之一！

　　在教學挑戰越來越大的現在，我認為要先求降低阻力，再談提高學習動機，每一個孩子都不能放棄。

第一招：先不必學那麼多！

一、給予時間消化、記憶，要多做迷你檢測

　　小學每堂課 40 分鐘，我都會留 5 分鐘給孩子背標題或上課畫的重點，再用 5 分鐘背給排長或小組長聽。就只是多了這個步驟，在段考前這 200 多位孩子的複習相對輕鬆，透過一次又一次的短期記憶、消化、輸出，把知識儲存在長期記憶區，他們的社會科都能考得不錯。當時我命題的段考考卷，甚至有 15 分以上是填充題，然而每班至少都有三分之二以上能得到 90 分。

　　還有一個班，導師忘了告知社會科的畢業考時間，結果全班在沒有特別準備的情況下，竟然全都拿到 90 分以上，連我都很訝異。

　　教有 ADHD 特質的孩子，我們每一回指派的份量可以少一點（比例大約是每 40 分鐘再少學 10 分鐘），但留給孩子默背的時間多一點，成效看得見！

二、重點少而精，抓大放小，不是越多越好

　　我們的教育很容易讓大人小孩都產生「越多越好」的迷思，其實並不是瘋狂背書就有效果，而是透過畫重點，讓孩子先掌握大的重點，以免迷失在大量的課程內容中。我每一次上課讓孩子畫的重點，一定是 5 分鐘以內能背下來的，或只是幾個重要的標題。

三、成功為成功之母，生活中給予肯定

　　失敗為挫折之源，成功才是成功之母。有 ADHD 特質的孩子在生活中更容易遭遇各種大小挫折，我們提出的學習任務，必須讓他們能夠知道、達到、學到，讓孩子透過自己的力量時時創造成就感。小分量的背書，只要通過就是 100 分，這 7 個班每一堂都全數通過，社會課的平時小測驗很容易拿 100 分，真開心！

第二招：把迷路的「專心」快速找回來

　　我相信不少父母和我一樣，看了好多專注力的書，聽了好多演講，也讓孩子運動、瑜珈、靜坐、禁糖、吃堅果、吞魚油，甚至算命、收驚、拜龜……這些方法有時各有各的效果，但是坐進教室，也許又是另一番光景。

「上課要專心啊！」這是全天下老師和父母的心願。然而我們先來想像一個場景，如果孩子是手拿搖控器的觀眾，教室裡的老師是節目製作人（有時又身兼男女主角），要如何讓觀眾（孩子），停下來看你的節目？

節目必須比 YT 上的網紅好笑；唱歌跳舞要唱贏韓團 BTS；刺激度要勝過手遊；解決問題要比哆啦 A 夢厲害；親切溫柔感要如《鬼滅之刃》的炭治郎……最重要的是，最後觀眾（孩子）還要能確實學到東西，國字要會寫，數學要會算！如果只是忙著帶活動，但孩子都沒學到課程內容也很可惜。活動的設計要能以「學」為出發點，並統整出條列的重點，幫助這些孩子玩到也學到，記憶記得更牢。

哇！這麼高規格的「節目」有可能嗎？我相信，這樣的課程或老師一定有，但更可能只會出現在教師的教學演示（觀課），因為「製作成本」過高，耗時費力，不是老師不願意，而是老師每天要照顧二三十人，日常現實要完成夢幻授課實在有難度！

那麼，該如何用「恰當的成本」，有效抓回孩子的專注力呢？我們先介紹幾招快速的「回神法」：

一、喚名字

對，就是這麼樸實的方法！名字是所有人這輩子的重要資產，所有人被叫到名字時，一定會抬頭。當老師課堂中喊到孩子的名字（或座號），孩子一定會抬頭看一下。如果是在家要教孩子功課，不只喊名字，也可以走到小孩身旁拍拍他，最好能同時問一個和課程相關、但很簡單的問題（請注意，題目要簡單到他一定能答對）。

答對時，馬上給予讚美鼓勵，把孩子的專注力拉回到功課上，形成良性循環。越接近段考的時期，有 ADHD 傾向的孩子越需要「被喚醒」，我常建議，授課老師們不妨在上課中頻繁但溫柔的去拍拍這些容易分心的孩子。

二、把握專注的 10 分鐘

專注能力隨著年齡發展，6 歲大約為 30 分鐘、9 歲為 45 分鐘……然而「**高階專注力**」不一樣，無論哪一個年齡層，大約都只有 10 分鐘。因此經驗豐富的教師會視情況保持彈性，不少老師會採取每 10 分鐘啟動一個小主題活動的做法，如教生字 10 分鐘、寫習作 10 分鐘、分組討論 10 分鐘、全班搶答 10 分鐘……目的是讓孩子一直維持在高階專注力的狀況。

現實上，家長很難期待學校老師上課能頻繁調整活動、或不斷叫喚同一個孩子，但我們在家陪讀時可運用上述的大原則。

對於動不動就分心的孩子，要特別把握這個「黃金 10 分鐘原則」（或許更短），不管是喚名字也好，請他執行一件小任務也好，總之要時時抓回專注力，讓專注力的計時器能歸零，重新計算下一個 10 分鐘。

三、送孩子一個「專心按鈕」

這個方法有點可愛，特別適合中低年級的孩子。我們可以告訴孩子，「分心是很正常的，大人也會分心」，先降低孩子對分心的罪惡感和焦慮感，讓他們感受到父母的同理心。然後，喜滋滋的送孩子一個法寶：專心按鈕！

爸媽搞笑表演一下哆啦 A 夢（或任何他們崇拜的角色），拿出

「道具」——其實這個「按鈕」不必遠求，就在孩子自己的手背上——告訴他，上課上到一半，精神快要恍惚了，或意識到分心時，按一下這個手背上的「專心按鈕」，就可以恢復專心了！這是以心理學的自我暗示，教孩子自我提醒，免費又有效！

第三招：抓住高階專注的黃金時段

用上述方法把孩子的專注力喚回到我們的頻道之後，最關鍵的是絕對要掌握這黃金 10 分鐘，否則他又要轉台了。這 10 分鐘要做的是：讓他完整學到！讓他學會！

所以，我們教孩子讀書時，要把握幾個原則：

一、事先有準備

這就是教師圈所謂的備課，如果沒有備課，父母邊講邊想，很抱歉，殘酷的專注力遙控器馬上轉台。然而父母並非專職教師，我的建議是，如果當家長發現自己準備不足，就讓孩子先做抄寫類型的功課，此時父母趕快把握時間惡補一下。

二、要能掌握條理分明

用第一步、第二步、第三步的步驟化引導，絕對比一段長長的敘述文字來得容易吸收。例如，小學生學到數學「分配律」的概念，光看名詞很難有感覺——

第一步，教孩子先觀察：我們要認出算式長什麼樣子？

$a \times b + a \times c$

$3 \times 2 + 3 \times 4$

第二步，把相同的數字圈起來。（a）就是目標物，在這題就是③。

a×b+a×c

③ × 2 + ③ × 4

第三步，將目標物各有幾個加起來，算出總個數。（③有 2 個和③有 4 個）

a×b+a×c＝a×（b＋c）

3 × 2 + 3 × 4 ＝ 3 ×（2 + 4）

第四步，算出答案。用講的不夠，必須舉例或畫圖說明。

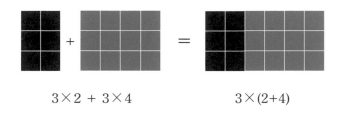

3×2 + 3×4　　　　　　　3×(2+4)

3 有 2 個 + 3 有 4 個，和 3 共有（2+4）個是一樣的。

三、換個誇張說法，善用「灑狗血劇情」

我們用一個題目來舉例，我都稱這類題型為「媽媽大放送」。

一支價格 40 元的冰淇淋，哥哥拿 18 個，妹妹拿 12 個，結帳時，媽媽好大方，要一起付錢，於是目標物 40 元的冰淇淋，總共有 18 加 12 個共 30 個。

40×（18+12）=1200 元。

請注意，我先不會說出「分配律」，因為一說專有名詞，孩子的專注遙控器又要轉台。我會像某些新聞一樣「灑狗血」，改說「媽媽今天大放送」。在國小階段，對「分配律、結合律、交換律」

這些名詞不夠熟悉，暫時不至於影響學習。

再例如：數學的短除法，我改稱「下樓梯」。英文的主詞改叫「頭」，動詞改稱「心臟」，副詞改稱「副班長」。

換個名字，換個學習心情，當我用以上方法教有 ADHD 傾向、容易分心的學生時，他們接受度都很高。

四、曼陀羅改編版：A4 練習法

學數學，經過練習才能將知識內容轉化為一輩子的技術，不會輕易忘記。很多孩子對於某些題型的練習量不夠，於是我採用來自於「曼陀羅思考法」的原理：「人有填補空間的本能」，把九宮格簡化改成「曼陀羅 A4 練習法」。

如果是國中生，就把一張 A4 紙摺成 6 份，小學生只要摺成 4 份，用彩色筆畫隔線（人類的大腦喜歡彩色）。

教小學的孩子，我會先寫 1 題當示範，小朋友則要寫滿其他的 3 格（等於 3 題）。寫久了，孩子看到 A4 紙摺一摺，幾乎是反射動作就知道要做什麼了。

這會比直接強硬下指令要求：「老師寫 1 題，你寫 3 題。」更容易讓孩子接受，雖然是相同的事情，但我們要讓習慣成自然。因為孩子看到摺起來的大格子，自然而然就想要去填滿，我們善用「制約」原理，引導孩子自我養成規律的習慣。

五、10 分鐘學好一個概念

某些科目我會用 10 分鐘快速講一個概念，但這短短時間內不能講解到太瑣碎，必須快、狠、準，先講重點，並留下幾分鐘給孩子回答或練習，甚至讓孩子當小老師來講解。我會特別準備一

塊 200 元左右的小白板給孩子使用，讓孩子心理上感覺「我像小老師」，許多孩子都很喜歡模仿大人寫黑板、寫白板。讓孩子當小老師，等於要他們消化概念後再轉述給大人聽，整理過思緒，才能真正的學懂，這也是來自「費曼學習法」的做法。當然，10分鐘後，就是再啟動下一個黃金 10 分鐘囉！

　　落落長、碎碎念講解的做法要適時調整，特別是教注意力容易不集中的孩子，不妨用「做出優質節目」的心情與孩子互動（但絕不是一味縮減課程），我們的終極目標仍是讓孩子萌生主動想學的心態，我們再來陪著孩子學到、學會、學精。

讓孩子的基本能力變強壯（上）：寫字與造句的流暢度練習

　　曾有家長問我，剛上三年級的孩子確診亞斯（AS），在考試時很挫折，特別是一碰到數學應用題和國語造句就不太想寫，有時甚至直接放棄。我們可以怎麼幫他呢？

　　小學三年級的孩子會說放棄，是很沉重的兩個字，可見孩子感受挫折與「習得無助感」。孩子想放棄的是國語和數學，造句與應用題，這些內容對這階段的孩子確實也比較困難。然而，家長仍可以合理懷疑，孩子是否有學習困難。

　　注意力不足過動症（ADHD）與亞斯伯格症（AS）的特質不同，前者需要練習控制衝動性，後者要學習人際溝通與調整「固著性」，但這二者也常合併出現。在專注力的表現上，也略有不同：ADHD 孩子的專注時間短，有如不斷「切換頻道」；而 AS 則是對有興趣的事物過分投入到忘我，對沒興趣的事物徹底忽略，「有看沒有到」。因此在處理學習問題時，我們不妨想像成，就像在調頻道一樣，要想辦法幫孩子把專注力調整到合適的頻道。

　　我們先來談學習國語文的技巧，這些方法平時就可以練習，或在孩子寫作業「打結」時介入，緩解焦慮，等於給孩子一個輔助踏板，讓他更容易達到基本要求。不僅適合有亞斯、ADHD 特質的孩子，即使是一般中低年級的孩子，在學習卡關的時候、因為寫不出來感到煩躁的時候，都很好用唷！

這樣做，孩子不再討厭造句

對大人來說，造句是很簡單的事情，信手拈來甚至不經思考就可以隨口編出一大堆句子，這是因為我們對於語文的使用能力已很成熟；但對中低年級的孩子來說，除了必須「從無到有」掰出一個完整的句子，每個字都要使用正確、寫得正確，還得符合老師的要求，也難怪造句常常榮登「中低年級最討厭的作業」前幾名（到了中高年級，排行榜洗牌，冠軍通常就變成「作文」了）。我們要讓孩子先不討厭、不害怕，再來求品質好。請試試看以下方式：

一、大量輸入，給很多例句

模仿通常是學習的第一步，讓孩子能夠從模仿中找到靈感。可以由大人先示範造句、從自修或上網找例句，讓孩子選一句最喜歡的，再做一些修改，或者自己替換掉關鍵詞，例如：

主詞的修改：小明改成小華，你改成他，爸爸改成媽媽；**動作的修改**：打棒球變彈鋼琴，游泳變成跳舞；**地點的修改**：公園變成操場，草地變成花園等等。替換的過程也讓孩子腦筋急轉彎，嘗試各種組合，念念看，整個句子是否合理。

二、「我手寫我口」，讓孩子寫出來

有學習困難的孩子，國字的書寫困難也是其表徵之一，長遠之計是找到孩子願意學習國字的方法（例如「**析字法**」，這部分的練習法稍後討論）。在眼前可以馬上著手的，是先選擇簡單的字、不易錯的字，讓孩子在家練習。要挑容易過關的字，練熟了再往下學更多字，目標是降低被老師圈出錯字的頻率。

三、帶著孩子熟悉造句結構

孩子造不出句子時，通常會喊腦袋空空，有亞斯特質的孩子，因為焦慮感強更容易發脾氣或耍賴，這時我們先給孩子「結構」，就如同給了他方向感，他有點安心了，會更願意努力試試看。例如：

① 先……然後……最後……

★ 結構是：先（第一件事）……然後（第二件事）……最後（第三件事）。這三件事請孩子試著說說看。

② 如果……

★ 結構是：如果（有這種情況）……我們請孩子幫句子的主角做一件事或想一個情況。

四、搞清楚老師的要求標準

每個老師要求不一樣。有些老師會要求「至少兩句話」或「至少15個字」，所以像下面這個造句——

「到底」：到底我把鑰匙放到哪裡去了呢？

有的老師就不給通過。而是至少要寫成：

「到底」：到底我把鑰匙放到哪裡去了呢？急死我了。

又例如——

「巧思」：媽媽總會運用巧思。

這個句子有些老師不給通過。要寫成：

「巧思」：媽媽總會運用巧思，設計出適合全家人的食譜。

因此，要先搞清楚老師的標準是什麼，不然孩子一直犯錯，卻不知道如何達標，當然就放棄造句了。

我輔導孩子時，也會配合學校老師的要求，提供孩子一些「萬

用提示詞」，例如「**事情的結果是什麼**」，放在造句後半段非常好用，能把話說得更完整。

這個提示，不但結構化，又能符合老師要求。

五、減法教育的勇氣

有時，我們真的給了孩子太多東西，在這個時代，家長更要有減法的勇氣。例如：每一課就要求孩子只造一個句子，其他都用參考自修的例句再調整。並不是要永遠依賴自修，而是一步一步來，等孩子能力提升，再讓他全部自己造句。特別是某些具有ADHD 或亞斯特質的孩子，往往也有小肌肉協調性不佳的問題，寫字對他來說並非是輕而易舉的小事，而是費盡力氣可能都難以完美達標的大事。

爸媽們平常要多留心孩子的身心狀況，對孩子的生理能力要心裡有數，碰到孩子被學校老師罰抄課文的時候，如果觀察到已超過他能負荷的範圍，就理性平和的與老師溝通。孩子犯了錯並不是有豁免權，而是看可否改以掃地、拖地等公共服務替代抄寫文字，相信多數老師都能同理，親師一起討論最適當的方法。

檢視孩子有沒有書寫困難？

我遇過二年級的孩子，學校教的國字寫不出來，情緒上來時還會撕學校考卷。一般人經過反覆刻意練習的過程，多能漸漸培養出「寫字自動化」的能力，隨著對字形、部件、筆順越來越熟悉，寫中文字的技能會越來越順利流暢，年級越高，越不用花太多力氣在寫字上。

有些人到了高年級，隨著各項能力成熟了，書寫問題不藥而癒；但有些孩子光是要照筆畫寫好字，就耗費很大的能量，直到讀中學依然很常多一撇、少一撇，錯別字多得驚人。前文提過，小肌肉協調性不佳的孩子，有書寫問題的機會也比較高。

不論孩子將來有沒有忽然「能力自動化」的一天，我們都不要等！因為當他有能力的時候，如因為先前的不作為導致缺乏「字庫」，相當可惜。也有可能，孩子經過努力仍無法「自動化」，那麼我們就使用一些方法，降低孩子學習困難度，能多學會一點點，都是美好的收穫。

要怎麼判斷有沒有書寫困難？

① 精細動作困難，握筆姿勢怪異，不太會用剪刀，著色容易超出線外、綁鞋帶、玩拼圖等精細動作有困難。

② b／d、p／q 分不清，日／目常寫錯，須／順分不清，木／本／大看起來都差不多。

③ 會自創字。左右部件顛倒。上下部件顛倒。

④ 抄寫速度異常的慢。

⑤ 考試時，選擇題表現尚可，但是國字、注音、改錯等大題的表現明顯有落差。

⑥ 寫字沒有筆順概念，也無法學習筆順。

如果有以上的情況，很可能就是書寫困難。要進一步的確認可以先諮詢學校輔導室，再由輔導室轉介至專業的單位。

讓孩子的基本能力變強壯（下）：
改善書寫困難的技巧

我碰到不少學生被醫生診斷有書寫困難，然而程度卻不到可以申請資源班，這也是很常見的矛盾情況。身為父母當然希望孩子沒有太嚴重的學習困難，但如果未達標準，又很難得到專業資源的介入協助。以我長久的觀察，每班都有幾位這類型的孩子。那麼，就由我們來多給孩子一點協助吧！書寫問題可以透過一些技巧改善，在談習字的教學方法之前，有兩個練字方式提供給大家，沒有時間地點限制，所有人都馬上可以執行。

用手寫在桌面上：手練習一次，反作用力又讓手的皮膚感知一次，等於同時練到兩次。這對於學習管道是透過肢體來接收的孩子特別有效，此方法已得到研究的證實。

用手寫在身體上：可以是大腿、另一隻手的手背或手臂。與第一個方法相同，是透過肢體管道來學習，不同的是手寫算一次，身體感受算一次，反作用力讓主動手寫的手又再「輸入」一次，這樣等於同時練三次！這方法對我的學生非常有效，我看他寫的時候，眼珠子也跟著動作轉，當下的迷你小考寫對了，學校考試也漸漸進步。

學了就不會忘：5 種好用的習字法

中文字的構成比較複雜，當孩子記不住時，我們可以試著把字

拆開來，賦予意義，或編一個口訣幫助記憶，例如析字法是我常推薦的好方法，也幫很多孩子有效漸少寫錯字、搞錯部件與筆順的問題。

我有一位小二升小三的學生，使用析字法不到兩個月，國語期中考至少進步 30 分以上！更美妙的是，約半年後，他彷彿突然長大了（生理的發展真的很重要），好多字自然就學會，對析字法的依賴就減少了，代表他已經漸漸培養出書寫自動化的能力。我們可以扮演的角色，就是在孩子能力尚未發展成熟之前，給他方法，與他一起克服書寫困難的黑暗時期，並累積基本的字庫。

以下都是我使用過，孩子反應很好的方法，對於有書寫困難的孩子或多或少會有所幫助。

一、意義化識字教學法

幫不同的部件編一個小理由或小故事，例如：

● 清：我是水，青小姐願意嫁給我，孩子就是清。清有美好乾淨的意思。

● 堯字家族：用火燒、用水澆、有絲好纏繞、害蟲叫做蟯、依靠旁人是僥倖、豐衣足食財富饒。

● 琴：二個國王今天一起彈琴。

● 瞎：眼睛被害就是瞎。

二、析字法

這是我使用最多、最有效的方法。我們大人在自我介紹時，會說「弓長張」、「木子李」、「三橫一豎王」，就是這種方法的代表！把字拆開來的口訣最好和孩子一起編。只是要注意，年紀

越小的孩子，因為認識的字和部件越少，所以會拆成越小的單位。有時連注音符號都拿來用，例如ㄦ，甚至有學生編出「馬頭蓋」、「西瓜皮」等，都沒關係，記得住就好。

- ●贏，析字為：亡口月貝凡。
- ●敦，析字為：卜口子攵。瑞：王山而。
- ●獸，析字為：口口田一口。大點。
- ●貴，析字為：中一貝。
- ●之，析字為：點7捺 。（學生自編例子）
- ●競，析字為：立口ㄦ立口ㄦ。（學生自編例子）

三、字族識字法（基本字帶字，編成短文）

這個方法我運用在高年級學生身上，而且每課都練習，效果非常好。例如：

巴字家族：我的好**爸爸**，帶我去爬山，走路絆到竹**籬笆**，摔得全身都是**疤**。

四、其他識字教學法

① 字源教學：六書（例如還有象形、指事、會意、形聲，一邊學怎麼寫，一邊學造字原則）

② 形似字：自己用顏色標出不同處，如：明和朋、競和兢。

③ 一般字彙知識：部首表義、聲旁表音、漢字組字規則。

④ 部件識字：依部件拆字。

五、動覺孩子的身體識字法

如前所述，就是透過肢體管道學習、手沾水寫在黑板上、拖把沾水寫地上等，用食指寫字在桌上，這方法對動覺型學習的孩子

（請參考第一章的評估表）很有幫助，而且完全無技術門檻。

　　教導有亞斯特質的學生學寫字時，我會把任務目標拆小，有小小的進步就會給予肯定，告訴他：「待會寫對一個字，就可以得到 1 點。」而我一次只考他一個字（降低難度）。當發現他常寫錯某個字，就會動用析字法（協助孩子找出解決的方法），幫孩子記住這個字。每 5 個字再測試一次，如果全對，獎勵點數再加倍！

給孩子認字的鷹架，自己拆，記更久！

　　不過，我也發現，析字法固然好用，對於某一類型學生的成效卻會打折，因為這些孩子不喜歡「被動接受老師析字的口訣」，他們就是喜歡自己來，想要主動去建構。當然，這也很棒，因為孩子有心主動學習，也剛好是我，以及目前教育趨勢很重視的！

　　就讓孩子來主動分析吧！我們只要給孩子鷹架，大原則是：

① 主動分析字形結構。

② 主動再析細部部件。

　　字形結構，網路上的分法過於多種，不要說孩子，大人們看了也開始頭暈，因此，我透過排列組合又重新整理了一次，大幅度簡化。

　　首先，分為獨體字、合體字兩大類。

　　獨體字，例如：立、正、上、下，中、心、目。

　　如果是獨體字，字形結構很簡單，幾乎不太需要分析，立刻解決。

　　接著，合體字。網路上不少字形卡分為 15 類、12 類，但我只

分成 3 大類[1]。

口訣：上下、左右、包。

★上下（含上中下）類型的字，例如有：

① 上下：要、劣、是、吉、某

② 上中下：愈、算、意、哀、意

★左右（含左中右）類型的字有：

① 左右：雅、接、北、河、到

② 左中右：樹、衛、街、傲、微

★包（含）類型的字有：

① 全包：因、園、國、困、圍

② 破包子

　(1) 皮在上：閃、鳳、月、同

　(2) 皮在下：凶、山、幽

　(3) 皮在左

　　　A. 皮左上：店、虎、尾

　　　B. 皮左下：爬、延、遠、尷、尬

　　　C. 皮左上下：匡、匹、巨、區

　(4) 皮在右（只有一種）

　　　皮右上：句、可、司、式。

　　教孩子的時候務必提醒，**所有的順序，都是上下左右**。孩子只要知道：**結構有上下、左右、全包和破包子**，就好了，先別細分太複雜，才不會增加學習負擔，除非學校老師有推行字形結構教學，再搭配學校進度，盡量等學得很好再進階。如果不小心分錯結構，或分不出來，不要太在意，重點是立刻考孩子，寫得出來、

寫正確就好。

　　有時，孩子「沒學好」不代表他「學不好」，只是他從沒有認真去觀察字形，或者是不知從什麼方向看起。這也是一種**主動觀察法**，讓孩子能透過觀察、分析有所進步。

1──上下結構又分為上下相等、上大下小、上小下大，但是，不是要練美字，如果孩子書寫能力已出現落後的狀況，先求正確，不要再細分。左右結構又分為左右相等；左大右小、左小右大。同理，先不細分。

引導容易分心的孩子，
學好數學應用題

　　數學應用題如同於國語的造句，是學習中更需要專注力、閱讀力、理解力的部分。無論有沒有鑑定是亞斯或 ADHD，都有可能有下列情況。

一、專注力影響讀題

　　具 ADHD 傾向的孩子沒耐心把應用題的敘述讀完，久而久之，只要看到應用題就直接說「我不會」。然而好多 ADHD、亞斯特質的孩子都很聰明，只要願意專注念題目，或請家長協助讀完題目，再想一次，孩子很可能改口說：「我會了！」

　　★ 解決方法：讓孩子開口讀題。這是在明示他，每次讀題都要專注。

二、閱讀追視問題

　　有些孩子閱讀時有跳字、跳行、加字、換字的問題，因此會有讀沒有懂。久而久之，看到字數多的應用題，就說我不會，同樣的念題目給他聽，又會了。

　　★ 解決方法：同上，要求孩子開口念題目，並了解他的閱讀情形。如太容易分心，可以用 A4 白紙對摺，當作是「閱讀尺」，先遮住後面的內容，協助孩子專心看眼前的題目，提高順暢度。但長遠之計，還是要培養孩子的閱讀追視力，當然，也可進一步諮詢醫療單位。

三、數學概念模糊不清

數學概念不清楚，題目就跟著讀不懂了，看到題目就有挫折感。我們可以了解，數學每一課大約要學的概念就是 4 ～ 6 個，每一個單元都要一一檢視，孩子沒學會哪一個環節，補上了概念，題目就看得懂了。

四、數學的閱讀理解力

這部分就要回到閱讀理解力的提升。從平時練習起，請參考第二章的閱讀理解力提升方法，加強閱讀定位能力，以及帶著孩子了解考試「用詞」。雅麗老師在《幫助每個孩子學習：實戰篇》有更多的閱讀力教學舉例。

五、結構式讀題、步驟式解題法

如何讀懂、理解題目？以心理學而言，有「初始效應」，我們閱讀時總是容易記住「第一句話」；又有「時近效應」，容易記住「最後一句話」。再加上訊息之間容易彼此干擾，低年級孩子的「記憶廣度」又不如大人，當應用題的題目敘述長、條件複雜，他們就難以理解。不過，我們還是可以透過結構化、搭鷹架的方式，協助孩子從視覺上、從步驟上，更容易理解題目。

例如題目是：

1 包餅乾 39 元，1 瓶飲料 12 元，請問買 2 包餅乾和 1 瓶飲料一共多少元？

第一步：「開口念題目」（一定要開口，確定孩子有無跳字）。

第二步：「最後問什麼」，畫紅線。再把最後「單位」圈起來。例如，「題目的最後一句話」是：

一共多少(元)？

把它畫紅線。並把「元」圈起來。

第三步：「開口再念一次題目」。（光是重念一次，有些孩子就已經懂了，不懂的孩子再繼續以下步驟）。

第四步：「條件畫線」。例如：

1 包餅乾 39 元，畫藍線。

1 瓶飲料 12 元，畫綠線。

（平時練習可以分色，但提醒孩子，考試時，畫重點要直接用鉛筆畫。）

第五步：確認「【到底】要問什麼」。

題目問：2 包餅乾，1 瓶飲料，畫紅線。

第六步：「自我對話」。要計算的部分是什麼？

2 包餅乾要計算。39+39=78 元。

第七步：「【到底】的答案」，全部加起來。

78+12=90 元！

題目中，也許有沒畫到線的句子，沒關係，當孩子已使用藍線、綠線、紅線做了記號，沒畫線的訊息其實也能被凸顯，更容易去看出題目在問什麼。

將孩子較不易懂的應用題，以「步驟化」來協助解題，孩子更易理解且有把握，這是我在教學上常用的策略。不限於低年級或 ADHD 孩子，甚至到國中都能使用呢！如果是低年級，要拆解的步驟比較多，等孩子熟練了，又可以精簡成更少的步驟。

一開始是師生對話、親子對話，
目標則是孩子自我對話。

應用在「一個算式」類型的題目

◎題目：果農第一天採收了 764 公斤的柳丁，第二天比第一天少採收 187 公斤，兩天共採收了幾公斤？

★ 步驟：

Ⓐ 開口讀一次題目，最後一句「加重語氣」：**兩天共採收了幾公斤**？利用「題目的最後一句」來列式。（**結構化**）

Ⓑ 再讀一次題目。列出了第一天加第二天 ，764 + 764

Ⓒ 但第二天比第一天少，所以第二天是「少的」，用減，

764 + 764 - 187 = 1341（公斤）

◎題目：王先生上午包出了 460 個湯包，下午包出了 592 個湯包，一整天賣出了 964 個，最後還剩下幾個湯包？

★ 步驟：

Ⓐ **結構化**：開口讀一次題目，最後一句「加重語氣」：**最後還「剩下」幾個湯包**？可以拿來列式。

Ⓑ 再讀一次題目。因為是「賣出去」，就是列出被減的算式，

-964 =

Ⓒ 上午包了，下午包了，所以前面要加起來，

460 + 592 - 964 = 88（個）

◎題目：芳芳有 1047 元，如如有 1954 元，兩人想合買一套 3600 元的故事書，還不夠幾元？

★步驟：

Ⓐ 開口讀一次題目，最後一句「加重語氣」：還「不夠」多少元？可以拿來列式。而且可知道，故事書的價格一定比兩人共有的錢還「多」。

Ⓑ 再讀一次題目。列出書錢在前面的算式，接著寫上減號，3600-

Ⓒ 兩個人的錢都要被減，3600-1047-1954=599 元。

想放棄學習的孩子，是因為他以為努力也無效，也就是「習得無助感」。一般而言，較可能會出現在高年級，如果中年級就出現，代表狀況更嚴重，我們要提前想方法因應。有可能是他對自己有錯誤認知、對學習失去信心，我們必須先處理這些部分，為孩子重建對學習的目標（夢想），孩子有了夢想、有達成的途徑，才會有學習的動機及行動。

成績未必萬能，但信心可以無敵！
帶著孩子從心出發

★ 適用：學習落後的孩子，不限年齡

當學習對孩子來說已經不是樂趣而是負擔，容易感覺疲憊、沒有成就感，甚至於，他會覺得，「拜託，我好不容易才寫完學校作業，為何還有？還叫我複習？」就像要求工作已缺乏熱忱的員工加班，卻沒給加班費，他一定心不甘情不願。我們要找回孩子的學習樂趣需要下很大的工夫，至少要先減輕他的負擔感。

學習落後的孩子容易有一些錯誤認知：

一、努力了，成績也是很差，不努力還比較好。

★處理方法：

有的孩子真的很努力了，他沒有錯，此時要介入的是提供學習方法，當孩子發現換個方式，成績提升，那麼他就願意努力！

有的孩子，努力是斷斷續續、視心情或當天情況而定；有的孩子則是自以為很努力但其實沒有，我們可以和孩子討論什麼才叫做努力。

可以設計一張訪問單，讓孩子自己去訪問班上前幾名的同學，他才知道原來自己努力的程度大概是多少？真的有努力了嗎？

二、成績不好是因為我笨，所以就不用努力了。

★處理方法：

多和學校老師聊聊，專業、有經驗的老師教導過好多孩子，對於孩子的資質高低通常心裡有數，可以聽聽老師的經驗分享，詢問孩子在校是否有不妥的學習狀況。

或者更客觀的做法，去輔導室諮詢，有需要時老師會協助轉介心理師，或建議至兒童心智科評估。一般人的 IQ 大多分布在 90 ～ 110，若孩子低於 90，才可能是智力影響了學習成績。（而智力的展現，也未必完全等於學科成績。）

然而，父母也別太悲觀，根據研究，智力發展不是一個固定不變的數字，有 ±15、或甚至是 ±20 的彈性，記得嗎？大腦是用進廢退，先天基因和後天環境皆有影響，可以透過訓練變聰明呢！給孩子適合的學習方法，充份的營養、飲水、睡眠、運動，都能提升孩子的學習能力與智力。

還有另一種可能，孩子 IQ 是 90，甚至是 110 以上，此時要考慮的是孩子需要的是努力？還是課程教授方式並不適合他？例如教師是聽覺型、孩子是視覺型或動覺型的孩子，那麼也許可提供他需要的學習方法，當孩子以有效的方法提升表現，正面循環就會開始了。

三、學習課業對我來說，就是不可能的事。

★處理方法：

孩子將課業「成績」與「不可能」做了不恰當的連結。此時我們當然就是帶著孩子一步步讓成績進步，打破這個負面的連結。當重新有一個好的連結出現，變成「我努力了，成績就會進步」，對他而言意即化不可能為可能。

四、上課反正也聽不懂，好挫折，不如發呆或玩自己的東西。

★處理方法：

上課前預習，最適合國中以上的孩子。一般而言，我不建議國小生過度預習，除非老師給了預習作業。然而，如果孩子目前學習落後，甚至反應上課聽不懂，那麼預習課業的效果就非常好。尤其，孩子有專注力的問題，能事先預習，孩子「有底氣」、可以帶著學習自信去學校，老師說的他聽得懂，老師問的他也知道。如果偶爾分神，回來還「接得住」內容，可以繼續再聽課下去。

五、寫回家功課只是為了應付老師，是件沒意義的事。

★處理方法：

多和孩子聊天，討論功課的意義，學習的意義。讓他們知道，除了學懂，透過刻意練習才能熟練，熟練了才是能吸收的學習。寫功課，就是讓我們熟練的方法之一，即使家長有不同想法，也盡量與老師溝通，而不要給孩子增強負能量，有些大人會跟著孩子抱怨學校、抱怨老師，這對孩子的學習沒有正面幫助。

六、反正，有人跟我一樣成績不好，又不是我一個人。

七、爸爸媽媽（或其他重要他人）說，成績又不重要。

八、我才不在意成績呢！

★處理方法：

以上三點的癥結其實都一樣：孩子在找藉口。然而，以人性而言，人的確必須找藉口（有自我安慰的能力），才能存活下去。因此，同理孩子的找藉口，先不要劈頭就責罵，最重要是找到協助孩子的方法。

亞斯特質的孩子，更容易有固著性。在討論時，需要耐心傾聽，

甚至是順毛摸，然而最終還是要導正錯誤的認知。即使沒有亞斯特質的孩子，因為長久處於挫折之下，挫折容忍度低，難免變得易怒，同樣需要耐心傾聽！

刻意練習，
準備期中期末考！

　　學習不是只有考試，還有閱讀、運動、才藝、解決問題的能力、生活素養……方方面面都非常重要，但在學校總免不了有各種大小測驗、成績評量，本篇想分享，很想在考試分數上有所突破的孩子，該如何準備更有效率？

　　有些孩子特別早開竅，也可能是很幸運，很早就記住師長的方法，或從兄姊的讀書經驗中學會「趨吉避凶」；但有些孩子沒有「前車之鑑」或缺乏開竅的契機，跌跌撞撞、一路摸索還不一定知道方向。大人能做的，是「有意識而非機緣式」觀察孩子的學習，進一步「有意識而非機緣式」的教導孩子學習策略。

　　但雅麗老師也要提醒，每個孩子都是獨一無二的，都有最適合自己的學習方式，本篇分享的方法，是我多年來從許多孩子的備考經驗中提煉出來、也觀察過確實有效的；然而，請記得，**這些方法是「技術策略」而不是「必做清單」**，爸媽們不要認為「沒有百分百做到這些準備就不夠用功」。

　　讀書或備考方法，就像各門各派的武功祕笈，並不是本本都要練好練滿，重點在於讓孩子學著自我覺察，根據自己的優勢或弱點去調整方法，進而找出最適用的聰明組合。

複習二階段：基本功和衝刺搶分

我們在前面介紹的閱讀三把刀、因果法、邏輯讀書法等等，都是需要日常練習，甚至熟悉到變成習慣的方法，很多孩子看不懂題目或抓不到重點，就是「因果關係薄弱」或不懂得「列舉要點」。但碰到大考快到了，已經進入拉警報的備戰時期，會需要高效的作戰計畫。

強烈建議先擬定複習計畫表。非常簡單，只需要將考前可抽出時間複習的日期列出來，填入各科進度。寫進度時，要依孩子的需求，訂出適合他的方式，例如某單元比較常失分，就多排一點時間寫練習題。雖然複習表通常無法百分之百達成，然而有計畫的提早備戰，一定比考前才慌張準備更好。

準備考試，我們分為「**基本功**」和「**衝刺搶分**」兩個階段。基本的大順序是：首先讀課本；接著讀自修重點整理和老師的筆記，看完後要依序一段段用紙遮起來或闔上書，考考自己有沒有記熟（或請家長抽問）；最後才是寫題目、做訂正。這是非常基本的程序。如果你是學生，請自己檢視；如果你是家長，請幫忙看看孩子是否都能做到？

同時，讓我們先回到學習的石器時代。當我們要記住內容時，例如一個英文單字、一個成語、一個解釋，在學會其他五花八門的記憶法之前，基本做法就是念念念，多複誦幾次，最好可以複誦 3 次。「複誦」可說是最古老、最簡單的學習策略了，不一定能讓你考 100 分，但至少能讓你熟悉內容，可是，有很多孩子連這種石器時代的「複誦」策略都不會或懶得使用，甚至就直接上考場「裸考」！

如果時間充裕，我會要求學生，在考前要讀 3 次。有很多家長問及，複誦是否一定要將課文念出口？雖然研究理論提出念出口的效果好[1]，然而實際上仍要依學生情況調整，例如只開口念一次，其他兩次改為默念，因為每一次都開口念會拖慢讀書的速度，所以我希望孩子同時也能養成默念的習慣。

如果是專注力不好的孩子，我則會要求他們至少開口念過兩次課文。要幾次念出聲、幾次默念，就視孩子的情況而定了！

●**讀課本或自修的重點整理**。課文的寫法像文章，好處是有助於思路更完整不中斷；而自修已經條列重點，所以各讀一次（這等於讀兩次，距離課本內容複誦三次的要求只差一次了）。等孩子每讀一部分，就暫停一下，抽問幾題，可提升專注力及理解力。

●**寫題目**。如果沒有自修，網路上有許多免費題庫可以下載。切記，**問答題也要寫**！特別是 108 課綱以後，有許多高年級老師喜歡在大考出問答題考驗孩子的組織和表述能力，在家練習過，先整理思緒並抓出錯字，即使題目不一定一樣，心態穩，更容易拿分。

●**把學校小考的錯題都再讀一次**。無論自己練習或學校考試，錯題一定要學會。答對的題目可以先略過（除非是一開始就用猜的題目），有太多孩子的錯題非常可能一錯再錯，而因為時間寶貴，我們就集中火力把錯誤概念釐清，只要徹底搞懂錯題，絕對有幫助。而錯題的每一個選項所涉及的概念，都盡量找出來重新看熟。

打開雷達，作戰前準備好彈藥！

一、知己知彼，掌握正確情報！

　　簡單來說就是搞清楚考試範圍！什麼？知道範圍不是基本的嗎？但還真的很多人糊里糊塗，搞不清楚，可別小看這一點唷！

　　蒐集考試情報是很重要的，特別是許多老師會很認真的提供許多補充講義，這些都不能漏掉。萬一孩子是「老莊作風、無為而考」的散仙型學生，在訓練孩子獨當一面之前，家長就先當情報官的角色，或督促孩子去問清楚。

　　我有一位學生，有一回大考某一科有好多大題都不會寫，家長看到成績暴跳如雷，一方面責怪孩子不認真，一方面埋怨學校老師「不講武德、考試怎麼超出範圍」。最後才發現真正的原因是：孩子連講義都沒有帶回家，更沒有讀過，當然拿不到分數！如果就讀私立學校，期末考常會考全冊範圍（公立學校一般只考一次段考的範圍，二分之一或三分之一冊。）。

　　所以，到底考整本還是半本？課本後面的語文活動單元要不要考？老師上課沒教，但規定學生自己讀的英文雜誌要不要考？**這些備考的基本情報，至少不能迷糊搞錯。**

　　我曾經有一次輔導任務失敗的經驗。家長希望我能幫孩子「搶救理化」，因為孩子被學校通知，理化在暑假後二週得補考。因此，我在二週內就全力協助學生重新學一次「應考範圍」，然而在補考日前兩天，媽媽忽然發現範圍差很大！學校要考的內容已經是下一冊（且超前範圍還不少）！結果，這次補考自然無法順利通過。搞錯考試範圍，影響很大，一開始就畫錯箭靶怎能射中紅心？當然，努力的過程一定有所收穫，但如果我們的目標是「考試及格」，一定要搞清楚「需要及格」的範圍有哪些章節！

二、當除「蟲」大隊，找出概念不熟的小蟲洞

懂內容，孩子才能記憶！所以，必須不斷揪出不懂或似懂非懂的概念，教懂他，孩子不但有成就感，也能輕鬆的記憶。比較細微的差異或概念，孩子常以為自己會了，或搞不清楚也不發問，事先揪出來就能多答對好幾題。來看看下列清單：

●東西南北，孩子知道在平面上，各在哪裡嗎？

●「風向」是風的來向，不是風的去向（簡單，卻是從小三到國九都要用的基本概念，搞得清楚嗎？）。

●地磁的南北與「方向」的南北，是相反的！

●政府是什麼？地方政府是什麼？中央政府是什麼？

●實驗中的操作變因、控制變因、應變變因，好多孩子都不會或一知半解！

●國語的詞性是否熟悉？四大天王：名詞、動詞、形容詞、副詞，中年級孩子都要懂。有些詞語拆開來每一個字都是一個詞性。例如：熱鐵烙膚。熱（形容詞）、鐵（名詞）、烙（動詞）、膚（名詞）。

●六書（六種造字方法）現在只學四種：象形、指事、會意、形聲。但因為歸類在語文活動單元，孩子很容易自動跳過不學，要特別把內容再抓出來。其中指事和會意，國中小生都容易混淆，要多舉例子。

以上提出的小問題，我碰到每一屆孩子都一樣！如果家中有哥哥姐姐就太好了，可留下幾份代表性的考卷給弟弟妹妹預習，哥

哥姐姐會寫錯的、不懂的，通常弟弟妹妹也會寫錯、或不懂的機率也很高。

透過問問題，有時還可以抓出基礎不穩的部分，從基本概念學起。例如：高年級的自然科會學到霜與露，霜是在零度以下形成。我會直接問最基本的問題：水會結冰的溫度是幾度？再加問：水會沸騰的溫度是幾度？這是三年級的學習內容，某些高年級的學生果然忘光了。那麼，就要先從冰點是攝氏零度及沸點是攝氏100 度開始教起，再教他霜與露。

三、熟悉考試形式，確保看懂各種題型

Ⓐ **表格題**。有孩子不會看表格，只要考表格就不會寫，那麼我們要能察覺出他不懂這種形式，得先教會他判讀表格。不要認為三年級在學校已教過，孩子就一定會。

Ⓑ **長文題**。小至期中考，大至國中會考、高中學測，題目總字數屢創新高，所有的父母和孩子，不能不面對長文型考題了！大家都知道流暢閱讀，能分析長篇文章是經年累月的能力，但是碰到考前抱佛腳，要怎麼搶救這些考生大兵呢？

先從自修或不同主題的閱讀測驗找素養題來練習，不會做的題目，帶著他們從文字敘述中去找出線索、推論答案。我有一位三年級的學生很可愛，他看文章「從不回頭」，看了後面忘了後面，卻不懂得回頭去文章中查找答案，乾脆直接用猜的！造成一個題組有 4 題，常常就錯 2、3 題。有一次我陪他從長文中找答案，直接告訴他要「回頭看文章」，甚至於瞄一下選項，把選項當提示再回去文章找答案。後來他的考試答對率大幅提升。

Ⓒ **畫圖題**。例如習作、自修有畫出黴菌並標示說明，那麼就

要先自己畫及標過一次。練習的方法是只要碰到課本有圖解、有地圖的部分，自己看完後要拿張紙再畫一次，光用看的去記，常會有缺有漏或「記歪了」，遮住課本畫一次，才知道哪些細節不熟、或容易標錯位置的是什麼。例如有人會上網找免費的各區域地圖，列印出輪廓，自己再依需求標示，也是省力的方法。

Ⓓ **題目指示要看清楚**：對的畫〇，錯的要不要畫╳？有太多孩子在這種題目重重跌一跤，一時迷糊可能整大題錯一半！題目要求「對的畫〇」，那麼對的就不能打勾；錯的也不用╳。此外，還常出現「對的寫 T，錯的寫 F」，孩子一樣寫〇、╳，整大題當然全部錯！又或者數學題目要求標出「大於＞、小於＜、等於＝」，但孩子真的不知道那一大題要他做什麼，是要寫代號，還是寫出答案，還是要連連看？有時候寫錯一次，分數損失慘重自己就會記住，但還是盡量教孩子要看懂題目「指示」的重要性，「**細心審題**」是直到國高中都需要養成的好習慣。

一～九年級都適用：考古題衝刺法

曾有家長不解的詢問，寫考古題的意義是什麼？寫了其他學校的舊考卷，卻從來沒有猜題猜中相同的題目，那這樣有效果嗎？我的答案是，寫考古題，從來都不是為了寫一模一樣的題目，**重點是「提升能力」**，也可以說要培養觸類旁通的敏銳度。

有些孩子的個性很可愛，但以臺語來講就是「天天」，無論學校老師講得多清楚，在他們的大腦處理下，意思就是會被扭曲改變，實在令人好氣又好笑。我從剛開始教書時期的「瞠目結舌」，到後來「習以為常、見怪不怪」，對這些大人眼中的小天兵也算

頗能理解，其實也不能怪他們，「學生」就是要來「學」習的嘛，並不是天生就懂的。

我舉幾個選擇題的詞彙當例子，孩子常出現「一個共識，不同解讀」：

不懂「主觀」、「客觀」，誤以為主觀就是好的，客觀就是不好的。

不懂 「我」是第一人稱；「他」是第三人稱等。

不懂「冗言贅詞」的題型，是要考找出最精簡的句子。

這些詞彙要靠多閱讀、靠生活體驗來理解，但如果都沒人引導，孩子可能需要好久好久的時間才能領悟。這時候，考古題就非常有用！

請上網搜尋「**全國中小學題庫網**」[2]，蒐羅了各縣市各級學校、各版本的段考考題，提供免費下載。

段考考卷向來是學校老師絞盡腦汁的精華出題，我們可參考其他學校的題型，找一些難題或變化題來挑戰，測試觀念能否變通；其次，直接用題目來練習，等於直接訓練孩子的作答能力。

有一個原本段考常考 70 幾分的六年級學生，我們只用考古題訓練一次，他的分數就直上 90，因為持續練習，他始終維持好成績直到畢業。

找考古題的原則如下：

① 只選有解答的考卷。考前大家都很忙，大人們不要為難自己！

② 只挑孩子比較弱的大題來練習，以國小生而言，大多是選擇、改錯字、閱讀測驗容易失分。針對弱點強化即可，並不是每一大題都要寫，也不是寫越多效果越好。

③ 不選年份太久、課本版本不同的，勾選適合現在版本的題目即可。

④ 準備一次段考，我會印出數份考古卷，第一份題目當作教學，第二份開始，請孩子自己練習。但份數不一定，看學生的程度而定。

考試當天，如何保持「人間清醒」？

對於穩定度高的孩子，不管怎麼考，都考不倒他；如果孩子穩定度不高，擔心考一整天會體力不好、精神不佳，那麼請參考以下幾點做法：

喝水要夠： 大腦非常需要水分！特別是期末考，正逢盛夏，提醒孩子適量喝水，除了補腦，對滋潤眼睛也很有幫助。現在孩子的眼睛容易過度疲勞，我有學生曾經眼睛乾澀到會痛，但一喝水，神奇的事就發生了──「老師，有效耶！」

要午睡： 大腦高度工作到中午，腦細胞的形狀都已扁扁的，除了喝水，也小睡一下，讓大腦細胞恢復成原來飽滿的形狀。睡不著就閉眼休息，千萬不要貪玩或再看書！不休息的代價，等下午考試時就會開始後悔了。

準備兩種尺： 我都請孩子買透明的尺，因為連連看，畫數學圖形都很方便。但是考試一到，我還會建議專注力不好的學生，另外帶一把不透明的尺，寫到心煩意亂時，可以拿來遮蔽其他題，或者遮住暫時不必閱讀的部分，孩子可以一行行閱讀，用以提升讀題專注力。

自我打氣好處多： 現在考卷的張數多，有時還會出現一個科目有四面以上的！每寫完一面，請孩子先停一下，眨眼或閉眼數五

下（心中默數一二三四五），在心中說：「完成一面了，耶！」原因一，在我們太專心時會忘了眨眼，眨一下讓眼睛稍微濕潤。原因二，有時看到那麼多面考卷，還沒寫就開始怯戰，不妨將一科考試拆分為幾個小任務，每完成一面就當作達成一項，正面鼓勵自己。原因三，默數一二三四五，也是讓情緒不要過度緊繃，稍微緩和，對於容易頭痛或考試焦慮的孩子會有幫助。

有 ADHD 專注問題、或閱讀困難的孩子可這樣做：將一張考卷上下對摺再左右對摺，將考卷摺成四等份，不必打開。每寫完一等份，先停一下，閉眼數五下（默數一二三四五），接著心中告訴自己：完成了，我好棒！然後，再接下去寫另一個 $\frac{1}{4}$ 面。摺考卷這個方法，一定要在家中先練習過，以免手忙腳亂，反倒漏了其中一面。ADHD 傾向的孩子適合將訊息量降低，化分為更小的部分，將考卷變成四分之一，可降低其他訊息的干擾。根據我幾位有 ADHD 傾向的學生回報，摺考卷的方法有效，寫起來更專心，分數也變好。

考試是學習的過程、是測量的方法，能評測某些能力的，但絕不是衡量自我價值的標準，期待每個孩子，都在學習中的點點滴滴找到成就感，肯定自我價值感。

1——研究來源：Flavell, J. H., Freidriches, A.G.& Hoyt, J.D.(1970). Developmental changes in memorization processes. Cognitive Psychology, 1 324-340.
2——由國家教育研究院架設的網站。https://exam.naer.edu.tw/

玩一下，記更多！

為中低年級孩子設計的遊戲複習法

一、 猜題諸葛亮：國語

我們不當「試」後諸葛，要當考前諸葛，所以可以和孩子玩「猜題諸葛亮」。這個遊戲也能培養孩子抓重點的能力。

① 圈詞：一課當中，父母選 5 個語詞，讓孩子也選 5 個語詞。圈好後，父母幫孩子考聽寫，難易度看孩子程度來調整。

② 等到段考發考卷，特別看看國字、注音、改錯，這三大題，是爸媽的猜題率高，還是小朋友的猜題率高？如果孩子贏了，就得一份禮物，如果輸了就沒禮物，只贏不輸的比賽，孩子會很想玩也不會有壓力。

③ 選擇題：父母和孩子，以自修的題目，一方選單數題、另一方選雙數題，比賽猜題命中率，方法同上。

④ 造句：以習作題目為準，跨課，重新編題號，1.2.3……一方選擇單數、另一方選雙數，方法同上。

二、 解題洞洞樂：數學

① 準備一個洞洞樂盒子（可以買坊間現成的，或爸媽用紙箱製作），練習習作的題目，例如寫對一題就洞洞樂一次，或是每累積一題給一點，每三點或五點玩一次洞洞樂。

② 程度好的孩子，只要練習之前寫錯的錯題。

三、 猜拳念課文：社會、自然

先不看課本或自修，父母和孩子事先猜拳，要一戰一勝或三戰兩勝都可。勝的那方選擇要單數段或雙數段。打開課本，依據自己是單或雙來念課文。不念的那方要仔細聽對方念課文，當念錯時，要求對方重複念整句一次。

四、五五答答樂：社會、自然

自修或評量的題目，每答對 5 題，不管對錯，猜拳一次，孩子贏了幫他加 2 分，孩子輸的話，就加 1 分。孩子們都有一點賭性，光是猜拳就會很開心。然後每 5 分可以玩洞洞樂一次或小禮物一個。

有時孩子寫題目寫到膩，那麼是非題和選擇題就以口頭問答就好。遊戲，是孩子最自然的語言，在快要被大小考「烤焦」時，稍微中斷一下只有單向輸入的方式，設計一點小小的互動，孩子就有精神可以繼續複習！

有一種錯，叫做「粗心」的錯？
破解 10 種考試出槌狀況

每一次期末考結束、甚至國中會考結束，相信不少父母比孩子更扼腕——又是粗心！掉了好多分數，好可惜呀！明明一次次的提醒，可是孩子總是一次次的考試粗心犯了一些好可惜的錯誤。

初步分析，考試粗心，又分好幾種類型：

① 其實是不熟，或計算能力不夠熟練。

② 讀題貪快，跳著讀。

③ 過度複習，孩子認題型，看到黑影就開槍，沒有真的讀題。

④ 動作太慢了，寫到後面一緊張就錯誤變多。

⑤ 不是考試當下，而是在讀書（輸入）的時候，本來就沒有辨別清楚。

我們從心理學的角度，來看看孩子在訊息「輸入、處理、輸出」的三大過程中，最常見哪些粗心狀況，當然，也一一提供擊敗粗心的方法。

「輸入」的品質要好

一、讀題貪快，跳著讀

我曾經在國小帶領教師的閱讀理解系列工作坊。一位導師在班上實施我的方法，她回饋說效果好神奇，只是讓全班平時練習時流暢的念出題目，選擇題成績都大大進步。另一名教師聽聞後，在國語課用我建議的方法訓練閱讀追視力，讓全班朗讀並搭配計

時器測試時間（請參考第二章〈一看書就喊累？（下）：鍛鍊閱讀流暢力〉）。結果，原本成績落後的班級，半學期後，全班國語、英文都是全年級第一名！

★ 解決方法：

很簡單，改善孩子的閱讀流暢力，當孩子在家寫功課時，請他把題目每個字都念出來，養成習慣，看字時會自然變細心。

二、過度複習，認出題型

這種過度複習的情況，普遍發生於國小生，特別是安親班會密集寫題目，有些孩子很「聰明」，看了相似題目，以為可以一套規則走天下。（到國中比較少見，因為國中生太忙碌，多半是沒複習完就去考試。）

★ 解決方法：

要觀察學校和安親班的複習內容，如果份量足夠了，家裡就別再複習相同內容。直接當頭棒喝，告訴孩子不要背題型！此外搭配第一點，無論是小考或段考考卷，每一個字都要讀進去，養成「逐字讀題目」的習慣。

三、學習時，概念模糊不去分辨

很可能平時念書就含糊的看過，螢光筆也是隨心所欲塗塗畫畫，塗了什麼重點自己也忘了；上課學習、平時生活，也都「沒有意識」要去注意特別的地方、細節差異。孩子以為自己有花時間讀書，結果一問細節就被擊倒。

★ 解決方法：

首先要學習「觀察能力」，揪出細節的差異。有不少學生，都會被我誇獎眼睛長得很漂亮，接下來就會被我開玩笑說：「你的

眼睛別只是裝飾，眼睛應該要用來看、用來觀察啊！」

觀察細節是一種需要練習的能力，例如我看過小熊出版社的《NHK 小學生自主學習科學方法：觀察、假設、實驗》，教會孩子用不同的觀察方法「看事物」，例如光是切西瓜，橫切、縱切就不一樣；玉米的顆粒居然都是偶數，也數得出來。保持科學態度、刻意觀察的習慣，讀書時碰到不夠清楚的細節，就不會得過且過。

四、概念沒有學會

這一點跟第三點類似，說是粗心，其實是一知半解，反映在答題的正確率就像猜硬幣，得碰碰運氣。例如數學的除法單元，不管題目說什麼，孩子就是直接抓兩個數來除。學其他科目，也是「大概」會了就帶過。例如，講到綠色植物，只會一百零一種答案：光合作用。細心的孩子會注意到，綠色植物也有呼吸作用。如果是刻苦用功的孩子，沒有學通概念，會乾脆用背的，小孩中低年級勉強可以應付，但是高年級或國中以後，題目敘述常有變化，概念不清當然會答錯，這就不能算粗心囉！

★ 解決方法：

① **標題讀書法**：一個標題就是一個概念，孩子要能說得出，這個概念是什麼？

② **平時多看圖解類型的書籍**，或用圖解來學概念。我早年在大班級教學時很難發現這個問題，後來累積許多個別教學的經驗，才發現一樣的一句話，不同孩子想的畫面都不同，甚至於曾有學生說過，有時他讀完文字，腦中沒有畫面，不知如何連結，自然就覺得概念模糊。根據腦科學，建議 12 歲以下的學習搭配圖片效果更好。

③ 先看熟課本的單元架構，也可搭配自修，釐清每一課的大中

小重點，以概念來學習。讀完書後，不確定吸收品質如何，寫練習題目就能找出不熟的盲點，揪出多數漏洞。

「處理訊息」要防堵漏洞

五、練習不夠，以為自己懂了就停止學習

大考的題目趨勢越來越靈活，什麼稀奇古怪的材料都有可能入題，如果只是「懂了」或只有練習過一次，對於上考場的準備是不夠的，容易產生不穩定的問題！

★ 解決方法：

平時多閱讀相關課外讀物，等於是正式學習前最好的預習；上課時用心吸收，就是第二次學習；練習自修題目等於是第三次學習；如果學校段考前再整體複習一次，就是第四次學習。次數足夠，學習就穩定，題目就算變化多端，牢牢掌握正確概念的人，依然可以看出「細微的不同」，而不是考試時才自我懷疑，「好像這句話怪怪的、那裡好像對又好像錯」，難怪總是發生孩子自認為粗心的狀況。

六、題目讀不懂

雅麗老師的粉專一開始長達二年只有 200 人追蹤，某一天，我寫了一篇「題目讀不懂」的學習方法，粉絲人數瞬間暴增，一路穩定成長至今。可見得，「看不懂題目」是很多家長擔心的問題。

題目讀不懂或不完全懂，造成的結果會和第五點雷同：只要題目有點陷阱，孩子就容易犯錯。

所謂「看不懂」又有很多情況，讓我們來看看「看不懂題目排行榜」，孩子中了幾種？

□ ❶ 題目中有名詞看不懂，例如「病句」、「冗言贅字」，不知道意思。

□ ❷ 出現了否定、雙重否定，例如：若非、莫非、無非……等等，孩子一時也弄不清，到底「是」或「不是」。一個不小心，腦筋走偏了路，就粗心選錯。

□ ❸ 每個字都懂，串成一句話，就似懂非懂，或彷彿咒語飄過。

□ ❹ 習慣性的目中無「字」，題目文字並沒有每一字都進入大腦咀嚼思考。

□ ❺ 概念不完全懂，造成閱讀困難。

□ ❻ 讀題「心向」，就是太習慣題目如何呈現，一旦老師「狡猾」一點換句話說、或改用圖表，孩子就不懂或造成粗心。

□ ❼ 長文題組，孩子已養成習慣，以瀏覽代替閱讀，以為有抓關鍵字但沒有完整進入心裡。

① 要求孩子把不懂的詞語圈出來，親子先討論，再交給孩子自己學習。

② 學會「否定、雙重否定」的用法。示範過，任務交給孩子，他就學會了！置之不理，就容易一直粗心。

例如：我沒有辦法不吃雞排。（問問孩子，那到底是要吃還是不吃？）

如果下雨，你贊成全班都不要出去玩嗎？（如果你贊成。晴天時，你支持出去玩還是不出去玩？雨天時，你支持出去玩還是不出去玩？）

③ 訓練孩子閱讀理解。請參考第二章的「閱讀三把刀」，以句

子的結構來思考就是最直接、簡單的方法。

④ 在家做讀題練習。在家裡不怕打擾他人，朗讀題目，直到習慣一字一字都進入眼和腦為止；並學著幫題目關鍵字畫線。還有一招很好用：請孩子把題目每一句話都用自己的話說出來，必須養成習慣，清楚知道題目出現的「**每一句話都有意義，而且也要知道是什麼意義**」。

⑤ 只要孩子說粗心寫錯了，就直接懷疑可能是概念不懂，要檢視並補學之前學過的概念。

⑥ 心向，是心理學的名詞，就是「固著的一種習慣」。直接告訴孩子，題目五花八門，特別是大考，絕不會有重複題目讓你撿便宜，不能依賴印象答題。必練自修中的素養題（平時也可以找一本素養閱讀測驗當作課餘練習。例如螢火蟲出版社的《素養閱讀 Book 思議》和南一書局的《閱讀素養練五功》。

⑦ 養成長文閱讀的習慣，剛開始可以是閱讀測驗，之後看其他課外閱讀，包括涵蓋各種領域、探討嚴肅議題的雜誌或評論。

考試，就是比賽「輸出品質」

七、答題不動筆或字跡潦草

很多小孩子寫數學，很懶得動筆，偏愛用心算！很多反應快的孩子都有這種毛病，偏偏心算又常常算錯，就大呼粗心好可惜！其實即使心算能力好，算對機率高，碰到大考時有好幾面的考卷，寫到後半也會腦力疲勞，明顯出現後半截容易粗心的問題。如果是字跡潦草，數字連自己都看錯，小數點連自己都看不懂而對錯位置，那就更不冤枉了！國字部分，因為潦草，自己也弄不清到底是點了二、三還是四點，都容易造成失分。

★ 解決方法：

要養成動筆計算的習慣，寫字要工整，無論是中文字、英文字還是阿拉伯數字，字跡要整齊。

八、動作太慢，後半的題目時間不夠

通常一張考卷越後面的題目越困難，合理來說，如果寫錯，多半是因為不會寫而被扣分。但是，有一種種情況是孩子前面的題目做太久，後半段不得不在極短時間下匆促完成，錯誤率當然更高！

★ 解決方法：

① 首先，準備充分才上戰場。下回考試要練習得更熟，才會有足夠答題時間。

② 教孩子分配時間的應考技巧。例如國中會考的數學題目，通常前面十幾題比較簡單，一定要把握好這些基本題，到了第 20 題後難度會提高，但非選題的分數又很「貴」，必須留足夠時間寫，因此碰到想不通的題目，輕輕做個記號後先跳過，先寫後面題目，再回頭寫選擇題中的難題。

九、沒有檢查習慣，或不懂得檢查的技巧

有的孩子覺得檢查很無聊、或者不知道如何檢查。以為檢查就是從頭算一次，當然來不及。

★ 解決方法：

首先，每一科要留多少時間檢查，在考前先討論，起碼姓名等基本資料要完整。如果最後真的來不及，每一題答案都要確保寫上，不會的就用盡量用刪去法，猜一個比較有可能的答案。

① 數學應用題的檢查：要記得寫「**答**」。另外，每一題都要瞄一下，最後是「**幾個問號**」？或問號前的「**問題是什麼**」？還有

「**單位是什麼**」？（很多孩子沒看清題目是要問兩個子題、分別算甲和乙，結果他只寫了一個；或單位把公尺寫成公分，都是很快可以揪出來的錯誤）。

② 英文句子的檢查：句首大寫、動詞時態正確、動詞及名詞是否加 S、句末句點或問號。

以上不太需要腦力和大量時間的部分，都要檢查拿到分，接下來有餘裕才是驗算或檢查其他內容的正確度。

十、不知道細心的方法

這跟讀題、審題粗心又跳行跳字有點相似，但犯的錯誤往往更細微。

★ 解決方法：

① 圈出「**關鍵字、否定字**」，例如「以上皆非」的「非」，題目要求選「**錯**」的；題目出現的數字等等，要孩子圈出來。

② 用尺，一般是透明尺才好用，但另準備一把不透明的尺，讀題容易跳字、跳行的孩子，就可以拿著尺遮住後面，順著題目一行一行的讀下來。

③ 除了檢查技巧要熟練，例如英文句首要大寫等等，其實在一邊寫答案時一邊就要內化成習慣，每一次都得特別注意。

除了上述 10 種出槌狀況，我們不免要分析一下孩子的內心小劇場——粗心是好用的藉口。也許「粗心」和「不用功念書」相比，聽起來對自己和父母都更好交代，或孩子覺得說「我只是粗心」感覺比較有面子。

爸媽們，就當起糾察隊，找出問題的根源，各種粗心都有解決之道，幫忙孩子，一起把這些壞習慣、影響學習的害蟲抓出來！

幫助每個孩子學習

用大腦喜歡的方式啟發動能，孩子開竅、爸媽不累，
雅麗老師的減壓高效邏輯讀書法

作者	陳雅麗
封面設計	Bianco Tsai
插　圖	Bianco Tsai、周昀叡
內頁設計	Decon Huang
內頁排版	Decon Huang、周昀叡
主編	莊樹穎
行銷企劃	洪于茹、周國渝
出版者	寫樂文化有限公司
創辦人	韓嵩齡、詹仁雄
發行人兼總編輯	韓嵩齡
發行業務	蕭星貞
發行地址	106 台北市大安區光復南路 202 號 10 樓之 5
電話	(02) 6617-5759
傳真	(02) 2772-2651
劃撥帳號	50281463
讀者服務信箱	soulerbook@gmail.com
總經銷	時報文化出版企業股份有限公司
公司地址	台北市和平西路三段 240 號 5 樓
電話	(02) 2306-6600

第一版第一刷 2024 年 7 月 20 日
第一版第四刷 2024 年 9 月 2 日
ISBN ｜ 9786269760961

國家圖書館出版品預行編目 (CIP) 資料

幫助每個孩子學習／陳雅麗著｜第一版
臺北市：寫樂文化有限公司，2024.07
面｜公分｜〔我的檔案夾；73〕
ISBN 978-626-97609-6-1〔平裝〕

521.1　　　　　　　　　　　　113009135

1.CST: 閱讀指導 2.CST: 學習方法 3.CST: 讀書法
4.CST: 中小學教育